BÜRKLE · HERAUSFORDERUNG ALPEN

MOUNTAIN BIKE TOUREN

MARC SIMON BÜRKLE

Herausforderung Alpen

Abenteuer · Tips · Routen

PIETSCH VERLAG STUTTGART

Einbandgestaltung: Gunar Braunke unter Verwendung eines Dias von Marc Simon Bürkle.
Fotos: Marc Simon Bürkle
Karten: Manfred Eickhoff

ISBN 3-613-50142-2

1. Auflage 1991
Copyright © by Pietsch Verlag, Postfach 103743, 7000 Stuttgart 10.
Ein Unternehmen der Paul Pietsch-Verlage GmbH & Co.
Sämtliche Rechte der Speicherung, Vervielfältigung und
Verbreitung sind vorbehalten.
Druck: Stuttgarter Druckerei GmbH, 7000 Stuttgart 80.
Bindung: Großbuchbinderei E. Riethmüller & Co, 7000 Stuttgart 1.
Printed in Germany.

Inhalt

Vorwort

Berge? Am liebsten steil und per Rad! 8
  Warum mit dem Rad durch die Alpen? 8
  »Der Countdown läuft« 13

Die Alpen rufen! 16
  Verhaltener Beginn 16
  Jetzt geht's richtig los 19
  Bella Italia 34
  Ritzelgeschichten und die Folgen 46
  Die Traumstraße der Alpen und ein Spurt 56

Höhepunkte oder:
Die Schönheit der Alpenpässe 75
  Auf dem Weg zum schönsten Paß 75
  Matterhorn, Po-Quelle, Frankreich 91
  Rund ums Ecrinsmassiv oder:
  Was man in zwei Tagen so alles erleben kann 99
  Auf in die Haute-Provence 106
  Prädikat Wertvoll: Gorges de Verdon 111
  Zurück zu den Alpen oder:
  Die schönste Woche der Tour 113
  Drei-Länder-Tour 129
  Tagesausflug zum Lago del Naret 143

Abschied von den Alpen – nicht für immer 147
    Die letzten Pässe 147
    Eine Tour geht zu Ende 153
    Ein kleines Resümee oder: »Zahlenspiele« 156

Durch die Alpen in Eis und Schnee 157
    Vor Stürzen wird gewarnt 157
    Auf winterlichen Straßen oder:
    Erlebnisse der dritten Art 170
    Übersicht der Alpentour im Winter 182

Serviceteil 183
    Warum nicht mit einem Mountainbike? 183
    Das Fahrrad 184
    Literatur und Karten 185
    Allgemeine Planung 187
    Checkliste 188
    Übernachtung 191
    Eine kurze Pässekunde 192
    Tips für Wintertouren 196

Dank 198

Vorwort

Wenn man mit dem Rad auf Reisen geht, ist eines immer vorrangig zu beachten: Niemals aus dieser Gelegenheit eine Rennerei machen! Am Ende jeden Tages sollte man in Ruhe sagen können: »Es war sehr schön heute.« (Gegen Pannen und Krankheiten kann man natürlich nichts unternehmen.) Es gibt Tage, da läuft es ideal, und man kann etliche Höhenmeter oder Kilometer mehr fahren als sonst. Dagegen ist nichts einzuwenden. Wenn man aber jeden Tag im Zeichen neuer »Rekorde« angehen will, um sich selbst etwas zu beweisen, ist man fehl am Platz und hat den Sinn seiner Unternehmung nicht erfaßt.
Wenn der Körper nicht will oder kann, gönne man sich eine Pause, um die Natur zu genießen, später geht es um so besser weiter, und die folgende Strecke macht mehr Spaß. Das wirkt sich auf die Tour als Ganzes aus, und man erspart sich unnötige Enttäuschungen, die Freude für spätere Touren bleibt erhalten.
Es ist natürlich auch der Gesundheit dienlich, mit dem Rad zu fahren. Ganz sicher ist dazu eine richtige »Radtour« geeignet. Doch möchte ich mich dabei nicht quälen oder mir Schaden zufügen. Das gilt übrigens für jede Sportart, die man ausübt. Sobald man übertreibt, tut man seinem Körper nichts Gutes.
Also: Sport – Ja, Exzeß – Nein!
Wer mit dieser Einstellung sportliche Reisen unternimmt, wird großes Glück verspüren.
Viel Spaß!

Berge? Am liebsten steil und per Rad!

Warum mit dem Rad durch die Alpen?

Eine Antwort auf diese Frage läßt sich leicht geben, wenn ich etwas weiter aushole und Erinnerungen ausgrabe. Seit meiner Kindheit wohne ich in der oberrheinischen Tiefebene. Man hat nichts anderes als diesen begrenzten »Weitblick« von einem Haus zum anderen. Irgendwann halte ich es nicht mehr aus und muß hoch hinaus, weg vom Eingeengtsein. Es kommt hinzu, daß mütterlicherseits die Verwandtschaft in der Schweiz wohnt, das bedeutet, bei fast jeder Gelegenheit (angefangen vom verlängerten Wochenende bis hin zum 6-Wochen-Sommerferienaufenthalt) zieht es uns nach Süden – in die Berge! Während einer Reise war ich immer sehr aufgeregt vor Freude über das Bevorstehende. Bei den Fahrten durch das Hinterrheintal zum San Bernardinopaß oder durch das Reusstal zum St. Gotthardpaß entwickelte sich in mir eine Begeisterung für die Welt der Berge.
»Der Blick auf die Schönheit der Alpenwelt gibt uns einen Genuß, der unser Gemüt beruhigt und stärkt und läutert, einen Genuß, der erhaben ist über das gemeine Alltagsgetriebe.« (Der deutsche Radfahrer, 10. August 1894, X. Jahrgang, No. 20)
Damals sagten mir meine Eltern immer: »Weißt Du was? Wir fahren nachher über einen ganz hohen Berg!« Beim Rausschauen bekam ich vor Staunen den Mund nicht zu. Ich war fasziniert von der Straße, die sich auf unglaubliche Art und Weise an manchem Berghang entlangschlängelte.

Mit zehn Jahren fuhr ich bereits alleine im Zug die fast schon zur Routine gewordene Strecke: Mannheim – Basel – Luzern – St. Gotthard(tunnel) – Bellinzona – Locarno. Doch wie konnte es geschehen, daß ich einmal mit dem Rad…?
Das kam so:
Im März 1986 waren wir mit der Schule für eine Woche ins Landschulheim nach Donaueschingen gefahren – mitten in den Schwarzwald. Unsere Lehrerin machte uns damals darauf aufmerksam, daß das eigene Rad zum Reisegepäck gehören sollte, es ständen Radtouren auf dem Programm. Ich nahm meines mit. Jedoch nicht die ganze Klasse (40 Leute) fuhr mit, sondern lediglich eine kleinere Gruppe von ca. acht Personen traute sich mit dem Sportlehrer in die nicht vertraute bergige Umgegend. Mit von der Partie war mein Freund Volker Blum (»Hallo Volle!«), von dem später noch zu hören sein wird.
Unsere Radtour führte über 30 km zur Wutachschlucht, die letzten ca. 2–3 km waren eine rasante Talfahrt. Unten angekommen, folgte eine dreistündige Wanderung in der Schlucht. Dann hieß es aber, dieses Tal wieder hochzukommen. Bisher war das Fahrrad für mich (und andere) nur ein Fortbewegungsmittel für Stadtfahrten, Besorgungen und Schule etc. gewesen, und zwar in der Ebene. Trotzdem, auf einen Versuch kam es an. Ich sagte zu Volker: »Los Volle, gehen wir es an!«
Ich muß sagen, es war schon ein frappierend anderes Gefühl, stehend in den Pedalen eine steile Straße zu erklimmen. Man merkte förmlich wie jeder einzelne Muskel aktiviert wurde, wie es einem den Schweiß aus den Poren trieb. Gegen Ende der Strecke feuerten wir uns gegenseitig an, da die Steigung nicht enden wollte. Schließlich kamen wir doch an, total fertig aber doch überglücklich, etwas geschafft zu haben. Der Rest der Gruppe traf, von einem Traktor gezogen, später ein…

Als ich dann in den darauffolgenden Osterferien wieder im Zug in Richtung Schweiz saß, sah ich das erste Mal einen Radfahrer, der auf einen Alpenpaß zufuhr (St. Gotthard). Im ersten Moment war ich richtig schockiert, aber dann sehr beeindruckt von diesem Anblick. Für den Rest der Reise hatte ich nur noch einen Gedanken im Kopf: Alpenpaß – Fahrrad... Als ich bei der Verwandtschaft angekommen war, erzählte ich von dem Landschulheim-Aufenthalt, von der Radtour im Schwarzwald und von dem Radfahrer am St. Gotthard. So kam. dann die Idee: Mit dem Rad von Zürich über den St. Gotthardpaß nach Ascona zu gelangen. Ende Juli 1987 war es dann soweit. Das Rad war bis nach Zürich vorausgeschickt worden und ich hinterher.

1. Tag (27. 7. 1987): Zürich – Zug – Arth/Goldan – Brunnen – Altdorf – Amsteg – Andermatt – Hospental (120 km)
Bei Amsteg traf ich einen Radfahrer, der beabsichtigte, bis nach Sizilien zu fahren. Das war für mich unfaßbar. Ich glaubte schon, eine große Leistung zu vollbringen, und mein Hauptaugenmerk richtete sich einzig und allein auf diesen Paß, während er gleich mit Sizilien anfing.
Bis nach Göschenen hatte ich es gerade so geschafft. Dann stand die Schöllenenschlucht bevor. Mit zusammengebissenen Zähnen, scheußlich schmerzenden Knien, butterweichen Oberschenkeln, verkrampften Waden und schwachen Armen quälte ich mich hoch. Später konnte ich nicht mehr fahren. So gut wie nur möglich stützte ich mich auf meinen Lenker, Blick auf den Boden gerichtet, ständig das Fahrrad vor mich herschiebend, ein Schritt nach dem anderen... In Andermatt sagte man uns, daß es in Hospental eine Jugendherberge gäbe, noch 3 km auf ebener Straße. Also rauf aufs Rad, Füße auf die Pedale, aber nicht reintreten, denn alles schmerzte fürchterlich, lediglich die Pedale kreisen lassen, egal wie langsam man war. Kurz vorm völligen Versagen

nahm mich der »Sizilianer« ins Schlepptau. Ich fühlte mich wie eine Marionettenfigur mit durchtrennten Fäden. Dann ging es nur noch ins Bett, und vorher wurde etwas von einer »Wundersalbe« auf die Knie geschmiert. Sie kühlte herrlich, danach im Reich der Träume, alles in allem vom Gotthard beherrscht...

2. Tag (28. 7. 1987)
Jegliche Schmerzen im Knie waren wie weggeblasen. Bis auf einen Muskelkater war alles o.k. Megafrühstück, und los ging es auf den Paß (»Der Berg ruft«). Nach zwei Stunden Kampf waren wir oben auf 2108 m. Ich war überwältigt. In meinem Freudentaumel kaufte ich viele Postkarten, einen Aufkleber und ein Glöckchen, so als ob ich mich selbst belohnen wollte. Dann die Abfahrt: Das Val Tremola runter, zu deutsch »Tal des Zitterns«. Es wurde wirklich zur Zitterpartie. Zum einen die haarsträubend engen Kurven mit einem ebenso haarsträubenden Tempo, zum anderen der Straßenbelag: 14 km Kopfsteinpflaster. Ich glaubte, mir die Arme auszukugeln, und bekam beinahe einen Krampf in den Händen. Unten in Airolo war ich noch wie benommen, aber dann nach fünf Minuten kam die Spannung raus. Ich schrie vor Freude. Ich hatte es wirklich geschafft! Bis nach Ascona ging es dann recht einfach. Zuerst noch gute 10 km Abfahrt, unterbrochen durch kindisches Gekreische, dann auf ebener Straße an den Lago Maggiore (110 km). Hier sagte ich dem »Sizilianer« Lebewohl, wünschte ihm alles Gute und war selbst froh, nicht mehr weiterfahren zu müssen. Bei der Verwandtschaft dann herzlicher Empfang und ein Monat »Treturlaub«.

1. – 3. 9. 1987
Rückfahrt über San Bernardinopaß (St. Gotthard wegen Unwetterschäden gesperrt) – Chur – Zürich und mit dem Zug retour nach Mannheim. In der Schule dann geteilte Meinung über meine Unternehmung (von Bewunderung bis Abschreckung), Volker (Hallo Volle!), der ja im Schwarzwald dabei war, ließ sich von mir »anstecken«, und wir fuhren im Sommer 1988 eine große Tour, die etwas vom Gedankengut des »Sizilianers« enthielt.

18. 7. – 22. 8. 1988
Speyer – Basel – Bern – Montreux – Martigny – Großer St. Bernhardpaß – Aosta – Turin – Nizza – retour wieder über Turin, am Lago Maggiore bei der Verwandtschaft vorbei, dann über Simplonpaß – Nufenenpaß – Gotthardpaß – Furkapaß – Grimselpaß – Sustenpaß nach Altdorf – Luzern – Basel – Speyer = ca. 2 500 km
Als Kuriosum sei lediglich erwähnt, daß wir in Monaco Boris Becker trafen (29.7.88) und in Basel zu einem SWF-3-Interview mit Judith Kauffmann kamen (20.8.88).
Nun folgten etliche kleinere Touren im Herbst 1988, im Mai/Juli/August 1989 jeweils über drei Tage, die ich allein unternahm. Im Herbst 1989 fuhr ich mit Volker (»Hallo Volle«) für eine Woche zum Kanton Graubünden (Schweiz): Albulapaß – Ofenpaß – Umbrailpaß – Stilfserjoch – Foscagnopaß – Eirapaß – Forcola di Livigno – Berninapaß – Malojapaß – Splügenpaß.
Aus einer Leidenschaft für Berge und der wachsenden Fahrradbegeisterung ergab sich also die Grundlage für die folgende Bergtour. Sie läßt sich ganz grob in drei Abschnitte unterteilen: von Speyer durch die Ost-Alpen (Salzburg, Kärnten und Osttirol, Tirol, Südtirol, Dolomiten) zur Verwandtschaft in Ascona, von hier aus quer durch den südwestlichen Teil der Alpen (Frankreich: Hautes-Alpes, Alpes

de Haute-Provence, Alpes Maritimes, Italien: Piemont, Valle d'Aosta, Schweiz: Rhonetal, Walliser Alpen) zurück nach Ascona und die Rückfahrt durch die Schweizer Alpen (Zentralschweiz) nach Speyer.
Die Idee, diese Tour zu machen, entstand im Herbst 1988. Bis zum Anfangstag im Juni 1990 war es also noch eine lange Zeit, in der viele Dinge erledigt werden mußten.
Mit jedem Monat, der verstrich, wuchs auch die Aufregung und die Spannung auf den Beginn der Reise. Immer mehr Leute aus dem Bekanntenkreis und viele Freunde hörten von meinem Vorhaben. Reaktion: Gemischte Gefühle, doch Einigkeit in dem Punkt, daß diese Tour zu hoch gesteckt wäre: Ich muß zugeben, daß ich dann plötzlich selber am Ganzen zweifelte. Ich versuchte, das Konzept nochmals zu überdenken und einige Etappen besser einzuteilen. Wochen später wieder der Blick auf den Kalender. Au weia, nur noch ein halbes Jahr. Ich sehnte mich auf einmal nach Motivation und fand sie in Abenteuerberichten über großartige Radtouren. Mit jedem weiteren gelesenen Buch erschien mir meine Tour immer harmloser.

»Der Countdown läuft«

Wieder der Blick auf den Kalender, noch drei Monate, noch zwei Monate, fast jede Nacht träume ich von der Radtour, von dem Moment, an dem es endlich losgeht. Noch ein Monat, alles ist schon gepackt, geordnet und in einer Ecke des Zimmers fein säuberlich aufgestapelt.
Der frisch gewaschene Schlafsack, die perfekt gepackte Satteltasche, die Campingmatte, das Fahrrad im Keller. Noch eine Woche, der Countdown läuft. Zum xten Male

mache ich die Satteltasche auf, betrachte die Kleidung, drehe und wende die Radhose, überprüfe das Werkzeug, die Apotheke: ist alles vollständig?

Die Lenkertasche wird hervorgekramt, das Kartenmaterial und das Reisekonzept werden immer wieder durchgesehen, und der Zeigefinger fährt schon auf der Karte voraus. Noch drei Tage: Mich drängt es in den Keller. Das Fahrrad wird überall betätschelt und befingert, hält das Material, die Schaltung, die Kette, die Reifen, die Bremsen? Dann der Sattel, er riecht schön nach Leder, das Fahrrad nach Öl, die neuen Reifen riechen nach Gummi, Gerüche, die man von früheren Reisen gut kennt; es ist ein schönes Gefühl, jedoch mit Kribbeln im Magen. Der letzte Tag, die letzte Nacht im vertrauten Bett, an Schlaf ist fast nicht zu denken. Morgens dann ganz früh raus.

Die Alpen rufen!

Verhaltener Beginn

1. Etappe: Speyer – Esslingen – Ulm – Augsburg – Ebersbach – Unken; 543,8 km – 1300 Hm – 5 Tage
Um halb sieben höre ich die Nachrichten. Der Wetterbericht lautet: »Stark bewölkt mit Aufheiterungen, niederschlagsfrei.« Prima, die besten Voraussetzungen für den Beginn meiner Tour. Also erstmal ein Frühstück unter immer noch besorgten Blicken meiner Eltern (»Du willst wirklich so lange fortfahren und heute schon, schau dir die Wolken draußen an, fahr doch morgen…«), letzte Vorbereitungen, und um 8 Uhr sitze ich nach umfassender Verabschiedung auf dem Rad. Es fängt leicht an zu nieseln. Das geht vorbei, denke ich. Aber das Nieseln wird immer intensiver und stärker. Es entwickelt sich eine regelrechte »Waschküche«, und ehe ich mich versehe, bin ich durchnäßt und das Gepäck auch. Meine Route führt über Bruchsal und Bretten nach Stuttgart. Dabei habe ich große Probleme mit der unüberschaubaren Zahl von LKWs. Sie begleiten mich ständig, spritzen mich naß, fahren hauteng an mir vorbei und stinken fürchterlich. In Stuttgart bricht ein Verkehrschaos aus (Tip für Radfahrer: unbedingt umfahren), so daß ich mich mehrmals verfahre. Wütend stelle ich mein Rad auf den Bürgersteig – so habe ich mir den ersten Tag aber nicht vorgestellt! Später fahre ich weiter und erreiche Esslingen, wo ich eine günstige Übernachtung in einem Hotel raushandeln kann (Jugendherberge – voll ausgebucht). Beim Aufhängen der kompletten Bekleidung (feucht) und der Geldscheine höre ich die Wettervorhersage in meinem kleinen Radio: »Zunehmend freundlich« – mal sehen!

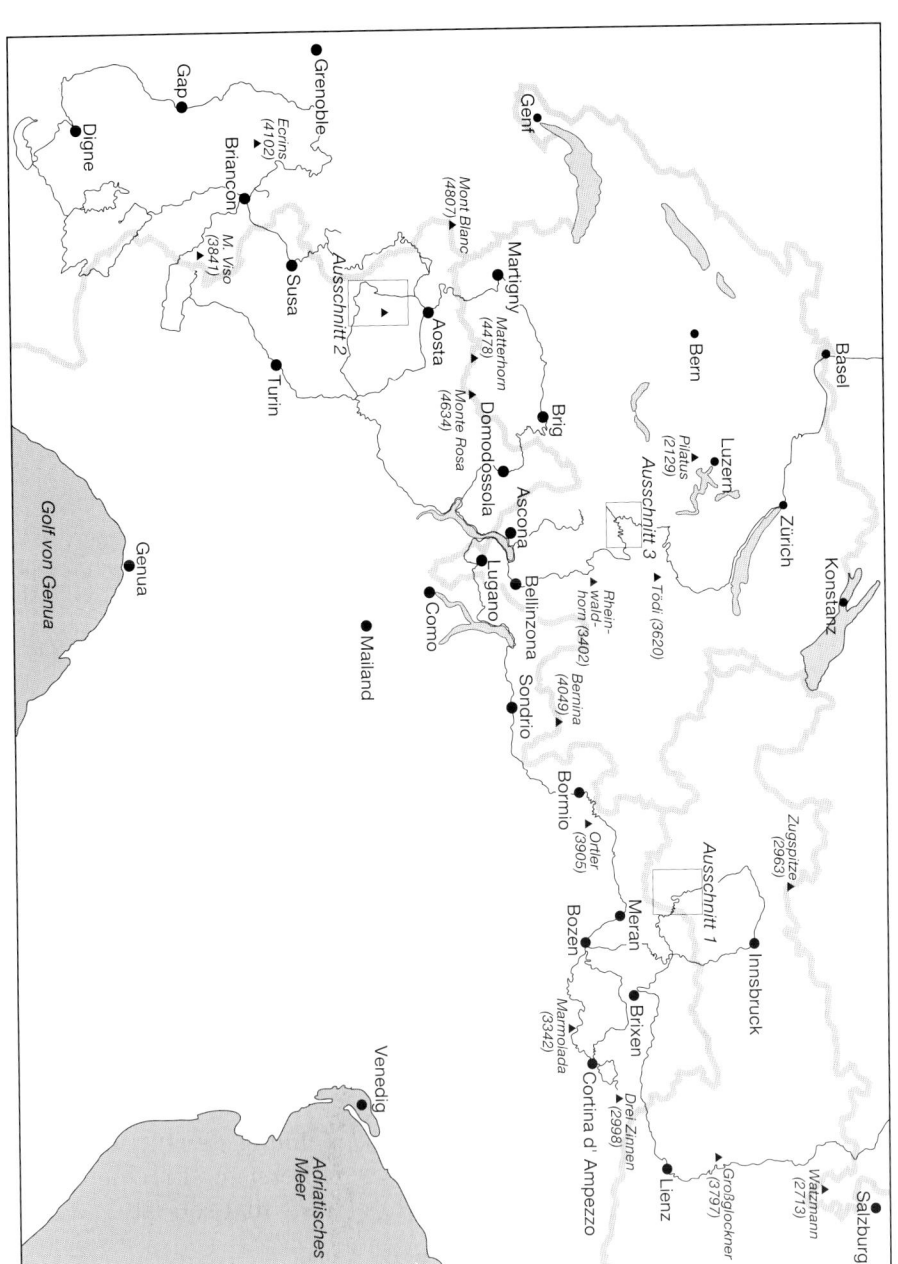

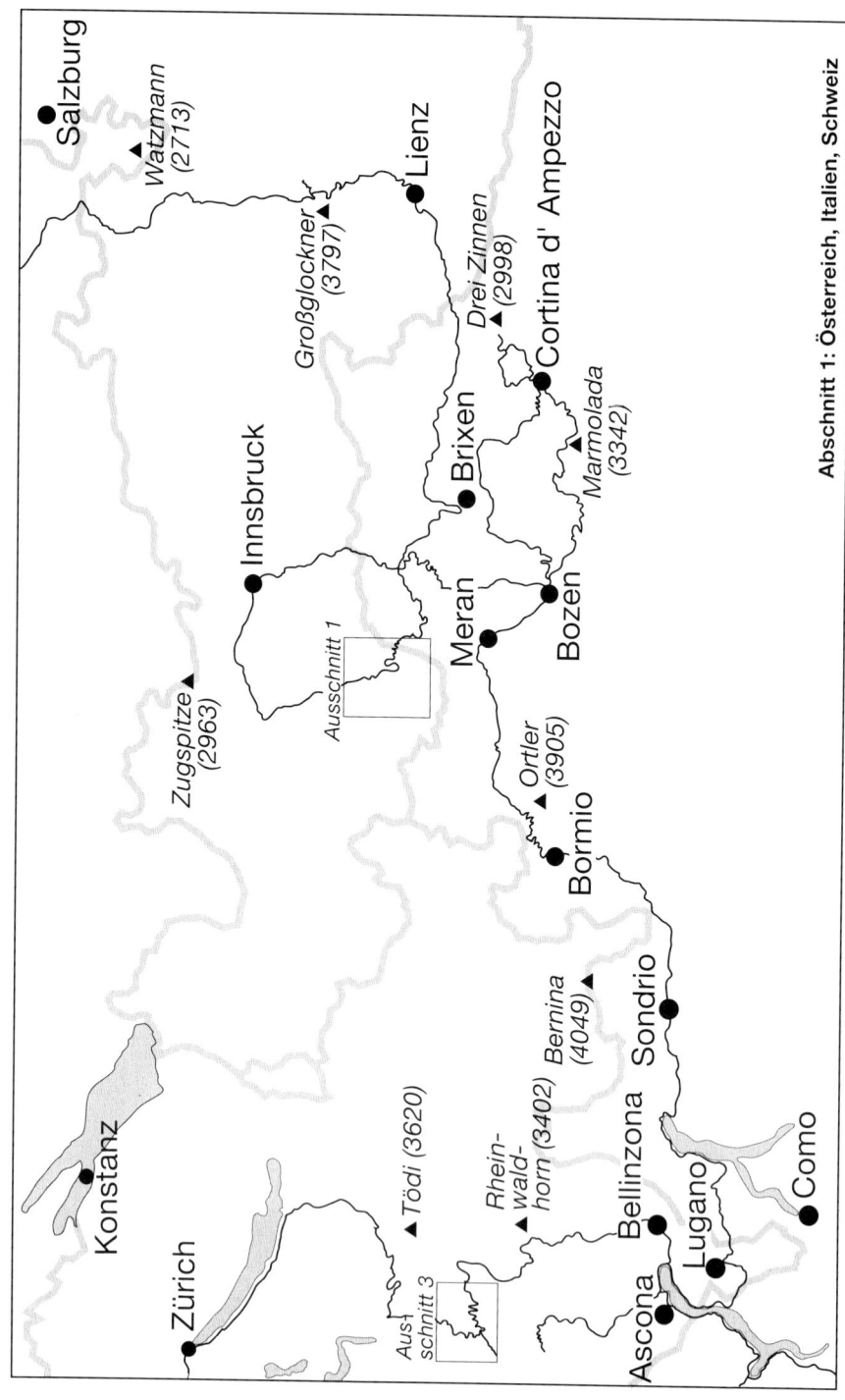

Abschnitt 1: Österreich, Italien, Schweiz

Das Wetter ist wirklich besser geworden, und so wird der heutige Tag angenehm zum Fahren. Die Sonne kommt sogar einige Male zum Vorschein, und es wird angenehm warm. 20 km vor Ulm habe ich die erste gute Abfahrt meiner Radtour – Einstimmung auf einen wesentlichen Teil der nächsten Wochen!
Die folgenden Tage: 85,9 km bis Augsburg, 115,1 km bis Ebersberg und 105,8 km bis Unken – Österreich, lassen mich den ersten Regentag wieder vergessen. Außerdem geht es jetzt auf Tuchfühlung mit den Alpen.

Jetzt geht's richtig los

2. Etappe: Unken – Ferleiten – Winklern – Sterzing – Sölden – Rettenbachferner – Tiefenbachferner – Sölden – Timmelsjoch – St. Leonhard; 509,7 km – 7445 Hm – 7 Tage
Um 8 Uhr gibt es Frühstück, von welchem ich, da von den letzten Tagen verwöhnt, enttäuscht bin. Um 9 Uhr fahre ich ab. Doch was ist heute mit mir los? Obwohl die Straße eben ist, komme ich nicht recht voran. Der Tacho zeigt max. 15 km/h an. Teilweise trete ich im absoluten Berggang, um überhaupt vorwärtszukommen. Oh Schreck, sind meine Beine schwer! Sind das etwa Anzeichen von Angst vor den Alpen?
Also geht es gemächlich über Lofer nach Saalfelden. Hier decke ich mich mit Proviant ein und esse noch was. Als ich aus Saalfelden rausfahre, überholt mich eine junge blonde Dänin auf einem Mountain Bike. Da hängst du dich jetzt dran, das ist die Chance, in deinen Tretrhythmus zu kommen. Obwohl die Beine nicht wollen, wird reingetreten mit Unterstützung des Oberkörpers, der sich auf- und abbe-

wegt, und jeder Tritt gezählt. Ich hole tatsächlich auf, und sie »zieht« mich ca. 10 km, ehe sie nach Saalbach abzweigt. Das war genau das, was ich gebraucht habe – Motivation. Ehe ich mich versehe, stehe ich am Beginn der Straße zum Großglockner. Der Himmel hat sich aufgrund der sommerlichen Temperaturen mit riesigen Cumuluswolken zugebaut, und im Talschluß haben sie schon die charakteristische grauschwarze Gewitterfarbe. Soll ich nun gleich reinfahren oder nicht? Ich tue es. Fusch ist schnell erreicht, ein Blick zum Himmel – bloß weiter, aber wie steil! Nun zeigt es sich, daß die Beine topfit sind, das war heute morgen nur falscher Alarm. Angefeuert durch zwei Franzosen erreiche ich Ferleiten, wo sich die Mautstelle befindet (Radfahrer sind frei). Man sagt mir, daß man hier die letzte Gelegenheit habe, vor dem Paß zu übernachten. Ich schaue in diese Richtung. Das Großglocknergebiet, obwohl von Wolken umgeben, erstrahlt in vollem Sonnenlicht, doch in Richtung Paßhöhe ist alles grau in grau. Ein Radfahrer, der von oben kommt, sagt, daß es dort regne. Also fertig für heute, Übernachtung geregelt. Später regnet es auch in Ferleiten.
Heute morgen weckt mich mein »Timer« (rückwärtslaufende Stoppuhr am Tacho) um 5 Uhr. Ich schaue aus dem Fenster, und alles ist in grauen Nebel eingehüllt. Das Wetter hat sich offensichtlich nicht gebessert, kann ich also heute nicht fahren? Ich lege mich noch eine halbe Stunde ins Bett, dann erneut der Blick nach draußen. Das gibt's doch nicht! Hinter der ganzen Nebelszenerie wölbt sich nun ein glasklarer, blauer Himmel. Jetzt nichts wie los! Ganz schnell ist die Tasche gepackt, ein großes Müsli gemacht und gegessen, und um 6 Uhr sitze ich auf dem Rad. Eine halbe Stunde hat mich der Nebelirrtum gekostet. Die Natur führt

Von der Edelweißspitze aus gesehen: Weiterführung der Großglocknerhochalpenstraße bis zum Hochtortunnel (2504 m).

einen immer wieder an der Nase herum. Trotzdem hoffe ich, dem großen Autoandrang des späten Vormittags entgehen zu können. Die ersten Tritte sind noch sehr verbissen und verkrampft. Bei einer Dauersteigung von 12% wird man ganz schön zurückgedrängt. Doch später läuft es besser, d.h. die Knie lassen keinen Schmerz verspüren, was sich zu meiner Freude bis oben hin auch nicht ändert. Fast Punkt 9 Uhr stehe ich mit meinem Rad auf 2571 m (Edelweißspitze: 2 km 14%). Um mich herum eine Natur, wie sie beeindruckender kaum sein kann. Hier oben folgt erstmal eine wohlverdiente Rast so bis 10.30 Uhr, dann geht's weiter zum Hochtortunnel. Die numerierten Kehren mit Höhenangabe von Ferleiten hoch erleichtern mir die Orientierung am Paß. Das Reststück zum Hochtortunnel ist ebenfalls so beschildert. Die Fahrt hierauf ist nicht mehr so angenehm, da nun mehrere Autos und ein Bus nach dem anderen hochfahren, wohingegen die Umwelt von hervorragender Schönheit ist. Kurz vorm Tunnel noch mal ein Blick zurück, dann rein in die eisige Röhre (mit kurzen Hosen und T-Shirt). Auf der anderen Seite wird man direkt von der Sonne versengt, und es ist nahezu windstill. Hier kaufe ich dann einen Stoß Postkarten, um den Verwandten, Bekannten und Freunden zu schreiben. Es folgen Bekanntschaften mit anderen Radfahrern, die mit ihren Rennrädern den Paß in 1½ Stunden bezwungen haben. Einer von ihnen gibt mir noch ein paar Tips über sog. »Superstraßen« in wunderschöne, unberührte Täler, die keiner kennt und die in keinem Buch vermerkt sind. Nach einem Almdudler folgt die Abfahrt. Bei der Straßengabelung zur Franz-Josephs-Hütte stoppe ich. Nach der Befragung eines Autofahrers über die Witterungsverhältnisse rolle ich weiter runter. Der Großglockner sei hoffnungslos verhüllt – man würde fast nichts sehen, sagt er mir.

Kurz vor Heiligenblut taucht, unangekündigt, hinter einer

Kurve eine große Baustelle auf. Bei hoher Abfahrtsgeschwindigkeit auf eine aufgerissene Straße zu fahren, ist jedes Mal wieder ein Grund zu großem Schreck, daß einem fast das Herz stehenbleibt… Der heutige Tag endet mit der Fahrt durch das idyllische Mölltal nach Winklern. Dabei merke ich, daß mein Ritzel locker ist. Für den Iselbergpaß am nächsten Tag dürfte es noch reichen. In Lienz will ich es dann reparieren oder eventuell ein neues montieren lassen. Für heute habe ich mir eigentlich die Route über den Staller Sattel vorgenommen. Da der Wetterbericht aber eine gewaltige Gewitterstörung vorhersagt, sehe ich davon ab. Außerdem bin ich mit meinem Zeitplan ca. einen Tag im Hintertreffen. Also nutze ich den heutigen Tag, um etwas »aufzuholen«. Der Iselbergpaß ist mit seinen 4 km Steigung kein Problem. Die Abfahrt ist gut übersichtlich mit sanften Kurven. Ich lasse es »laufen« und spüre, wie das Gepäck drückt. Unten in Lienz suche ich ein Radgeschäft, um das Ritzelproblem überprüfen zu lassen. Der Mann tut dies sehr gewissenhaft und kommt zu dem Schluß, daß nichts kaputt sei (später aber wieder dasselbe Knacken, Hämmern und Schleifen im Leerlauf). Also schnell weiter durchs Pustertal. Unterwegs treffe ich einen sympathischen Radfahrer, der ca. zwei Wochen auf Korsika war (gelassener Plausch). Mein Tacho zeigt genau 700 km, und er meint, daß wir darauf anstoßen sollten. Wir heben unsere Wasserflaschen… Dann weiter zur österreichisch-italienischen Grenze. Im ganzen muß ich sagen, daß diese Befahrung recht ungewöhnlich ist. Bergauf habe ich Rückenwind, und es fährt sich sehr gut. Nach der Grenze geht es konstant bergab – aber mit starkem Gegenwind, was sich als sehr lästig herausstellt und viel anstrengender ist. Nach 120 gefahrenen Kilometern bin ich physisch total ausgelaugt, da ich die ganze Energie im Gegenwind gelassen habe, als ich aus Wut oder Frust voll in die Pedale trat, um entgegenzu-

wirken. Demzufolge will ich nur noch den nächsten Ort ansteuern, um zu übernachten. In Fortezza jedoch sagt man mir, daß es hier keine Pensionen o. ä. gäbe – also fahre ich widerwillig weiter. Zuerst aber verdrücke ich eine Tafel Schokolade und einige Täfelchen Traubenzucker, zudem krame ich mein Radio hervor und plaziere es zwischen dem Gepäck vor dem Lenker. Das gibt mir nochmals einen Motivationsschub für die fehlenden knapp 30 km. Zu meinem Glück verläuft die Straße ausgesprochen schwach steigend, und bis auf einen stinkenden, lauten Tunnel ist es gut zu ertragen. In Sterzing angelangt, radle ich überraschenderweise sehr zielstrebig auf eine günstige Pension zu, die zu finden es eigentlich einer komplizierten Erklärung bedurft hätte. Hier folgt erstmal eine Dusche, denn ich war hoffnungslos den Dieselungeheuern ausgesetzt gewesen.
Die Nacht über hat sich ein Gewitter entladen (Vorhersage für den Vortag!). Als ich aufstehe und rausschaue, regnet es noch etwas. Nach einem guten Frühstück starte ich zum Brennerpaß – nun bei Sonnenschein. Die Fahrt dorthin hat sich bei mir nicht so sehr »verewigt«. Die häßliche Autobahnstraße, von der es so fürchterlich stinkt, und die haarsträubend heruntergekommene Paßhöhe (Grenzübertritt) veranlassen mich, sofort weiterzufahren. Zuerst rasant, dann recht durchschnittlich mit viel Gegenwind. Erst vor Innsbruck wird es nochmal interessant. Die Straße führt gerade so steil, daß man es ohne zu bremsen ca. 45 km/h »laufen« lassen kann; dazu 1a Asphalt und sanfte Kurven, die wie nach einem Schema »eins links, eins rechts« nach unten führen. Die Streckenführung ist so ausgelegt, daß ich meine, einen Abschnitt mehrmals hintereinander zu fahren, so ähneln sie sich. Man kann schon vorher erahnen, was hinter den nächsten Bäumen zum Vorschein kommt, d. h. wie der Straßenverlauf aussehen wird. In Innsbruck bestaune ich ehemalige Olympiaanlagen (anno 1976). Das

Wetter hat sich im Verlauf des Tages zu einem Spitzentag gemausert. Die umliegenden Berge werden von riesigen weißen Cumuluswolkentürmen umgeben, die eine Art Kranz um einen tiefblauen Himmel bilden. Als Zentrum eine Sonne, die ein geradezu weißes Licht abgibt und selbst unbeschreiblich klar und hell glänzt. Ich habe den Eindruck, als ob die Oberfläche der Gegenstände und der Pflanzen in »poliertem« Zustand seien. Das ist für mich die schönste Wetterlage. Mit der Sonnenbrille wird zusätzlich der beeindruckende scharfe Kontrasteffekt von Licht und Schatten verstärkt. Auf der weiteren Wegstrecke Richtung Imst begleitet mich ein angenehm lauwarmer Rückenwind. Dazu wieder ein ganz leichtes Gefälle. Da wird geschaltet und getreten, bis man 30 km/h erreicht. In diesem Fall dient das weitere Pedallieren nur dazu, die Geschwindigkeit konstant zu halten. Bald darauf zweige ich zum Ötztal ab und erreiche über ein paar Talstufen den Ort Sölden. Dort will ich zwei oder drei Tage bleiben, um einen sich anbahnenden Infekt auszukurieren.

Hier mache ich die Bekanntschaft von Richard aus Mönchengladbach. Er ist mit dem Auto gekomen, um mit dem Rad einige Touren zu fahren (sein Rad: Marke CRATONI!) und Mineralien zu suchen.

Heute habe ich vor, den Rettenbach- und den Tiefenbachferner anzufahren. Richard begleitet mich. Das Wetter läßt zu wünschen übrig. Über Nacht ist eine Kaltfront über die Alpen gezogen. Heute morgen ist es sehr nebelig und grau verhangen. Trotzdem beschließen wir loszufahren. Mit dem umfangreichen Frühstück im Magen lassen sich die ersten Tritte sehr behäbig an. Zudem bin ich von den bisher vier geschluckten Penicillintabletten höchster Konzentration doch sehr benommen. Nach ein paar Kilometern legt sich das zum Glück. Mit jedem Pedaltritt und jeder neuen Kurve kommen wir an die tiefliegenden Wolken heran, bis wir

letztendlich voll drin sind. Sicht – 20m! Unsere Körper werden zunehmend feucht und auf den letzten 6 km fängt es sogar noch an zu regnen und zu hageln. Von der umliegenden Bergwelt mit ihren Gletschern bekommen wir überhaupt nichts mit, da unser Blick eingenebelt ist. Jede kurze Rast wird zum frostigen Ereignis. Als wir am Rettenbachgletscher ankommen, sind wir vollkommen durchnäßt und verschwitzt. Der teilweise böige Wind läßt uns erzittern. Schnell ins Restaurant, was Warmes trinken und sich trocknen. Doch oh Schreck, es ist geschlossen! Folglich müssen wir gleich weiter durch einen 1,7 km langen Tunnel zum Tiefenbachferner. Im Tunnel riecht es sehr übel, und die Luft ist durchsetzt mit Staubpartikeln. Dazu ist es sehr kalt, aber klar. Man fühlt sich sehr beengt in solch einer schwach belichteten Röhre, die an den Seiten mit großen Eissäulen aufwartet. Am anderen Ende erwartet uns ein starker Hagel und Schneeregenschauer, kurz darauf klart es aber rasch, wenn auch nur kurz, auf. Wir sehen das Restaurant, viele Autos und Skifahrer. Jetzt aber rasch da runter und rein in die Wärme. Es geht alles ganz blitzschnell. Unten Tür auf, mit den Fahrrädern in den Vorraum, ein paar Freudenschreie, die Fahrräder geschultert, ein paar Treppenstufen hoch und unter Gekreische mitten ins Restaurant. Hier finden wir ca. 100 Skifans, denen sichtlich der Bissen im Hals steckenbleibt, als zwei klitschnasse Männer mit Rädern in ihren Après-Skiplausch reinplatzen. Unter ungläubigen Blicken und unter den Äußerungen wie »Das gibt's doch nicht«, »schau dir die Zwei an«, »Wahnsinn«, setzen wir uns an einen Tisch.
Sofort entledigen wir uns unserer nassen Kleider und hängen sie über die Räder zum Trocknen. Nachdem wir uns etwas zu Essen für unsere ausgehungerten Mägen geholt haben, werden ein paar Leute konkreter und fragen uns aus.

Irgendwie genießt man es dann, wenn man den ganzen modeflippigen, supergestylten, neonpinkfarbenen, pseudoaktiven Skateboardfahrern (Monoski) die Schau stiehlt!
Nach zwei Stunden sind wir und unsere Kleidung wieder in Ordnung, und wir beschließen, mit einem Sessellift über die dicke Nebelschicht zu »fliegen«, oben finden wir tatsächlich Sonne und blauen Himmel, so weit man schaut. Allerdings weht ein sehr heftiger Wind, der etliche größere Wolkenfetzen vom Horizont, d. h. von den umliegenden Panoramabergen herweht und verweht. Hier oben lege ich mich in die Sonne, um mir etwas Wärme zu gönnen. Richard geht zu einem nahegelegenen Bergmassiv und fröhnt seinem Hobby, sammelt Mineralien.
Unglücklicherweise verpassen wir die letzte Bahn zurück. Da ich überhaupt kein Verlangen habe, im dichten Nebel eine Skipiste in Turnschuhen hinunterzuschlittern, frage ich die letzten oben übriggebliebenen Skifahrer, ob ich mich bei ihnen hinten auf die Skier stellen dürfe. Der Gefragte findet die Idee originell und bejaht. So habe ich meinen ganz persönlichen Talskilift. Zu Beginn rutsche ich ein paar Mal von den Skiern und stürze in den Schnee. Mit fortlaufender Fahrt bekomme ich aber Routine in meiner Übung und stelle beide Füße quer hinter die Skibindung meines Chauffeurs. So agiere ich gleichzeitig als Bremser im steilen Hang. Der Sulzschnee spritzt in hohen Fontainen zur Seite und nach hinten. Unten spüre ich kaum mehr meine Füße, bin aber froh, unter fachgerechter Führung die rettende Station erreicht zu haben. Richard trifft gleich darauf ein, er war nicht so sehr begeistert von der Skischlepptau-Methode und kam den Hang heruntergerannt. Er hat eine Art »Turnbergstiefel«.
Kurz darauf rüsten wir uns für die Rückkehr per Rad. Dick vermummt geht es los. Im Tunnel erweist es sich, daß man den welligen Belag, den man beim Hochfahren nicht so

sehr wahrnahm, nun deutlich zu spüren bekommt. Mit 50 km/h Geschwindigkeit wird es einem recht mulmig, wenn der Untergrund zu schwanken scheint.
Die weitere Talfahrt führt ins Ungewisse, weil der dicke Nebel jegliche Sichtmöglichkeiten nimmt. Man bewegt sich andauernd durch eine weiße Leere, und der Fahrtwind holt auch noch die letzten Wärmereserven aus dem Körper. Dann endlich in Sölden, wo es angenehm mild ist. Der ganze Körper fängt an zu bitzeln!
Spät am Abend gehe ich mit Richard noch nahe Obergurgl zu einem Gebirgsbach, Granate aus dem Gestein schlagen.
10.15 – 13.15 Uhr aufs Timmelsjoch mit Richard. Wieder dieses alte Gefühl des Gepäckschleppenmüssens. Egal, ich trete rein, weil mir nichts anderes übrigbleibt.
Bis Angern ist die Straße mit einee Ausnahme erträglich. Danach steigt sie gnadenlos an, bis hinter Obergurgl, wo sich die Mautstelle befindet (was uns aber egal sein kann). Anschließend beginnt eine kurze Abfahrt. Das ist etwas, was ich überhaupt nicht leiden kann, wenn man vor der eigentlichen Paßhöhe nochmals ein Gefälle hat. Man hat nicht nur das Gefühl, viele Höhenmeter umsonst erklommen zu haben (»beschummelt/angeschmiert/reingelegt«), nein, man verliert auch den Tretrhythmus, und bei einer neuen Steigung ist es sehr schwer, wieder in den alten Tritt reinzukommen. Bei dieser Gelegenheit ärgere ich mich immer wieder über die Straßenbauer, die anscheinend ohne Überlegung die Straße konstruiert haben. Wenn man doch weiß, in welcher Höhe es oben weitergeht, führt man doch die Straße nicht sinnloserweise zu einer Anhöhe, um sie wieder hinabzuführen. Kann sie nicht überlegter dem Gelände angepaßt werden? Man bedenke, mit welcher

Durch eine landschaftlich schöne Umgebung führt die Strecke mit 12% Steigung am Timmelsjoch.

Übersicht und Kühnheit manche Straßen harmonisch in das Gelände eingefügt wurden (Splügen).
Widerwillig rolle ich die Straße hinab. Dann aber kommt endlich der letzte Anstieg, der zum Paß hochführt. Im Timmelstal ist es recht kühl, und mit jeder Höhenzunahme wachsen auch die Schneerestberge vom Vorjahr an den Straßenseiten. Toll, da durchzufahren!

Eine der letzten Kehren vor der Timmelsjochpaßhöhe.

Etwas fällt mir unterwegs noch auf: Während einer solchen Bergfahrt bekommt man ein Gefühl für gefahrene Höhenmeter. Man kann sich so ungefähr vorstellen, wie hoch man ist. Eine gute Hilfe sind da numerierte Kehren mit Höhenangabe. Die letzte Kehre vor dem Timmelsjoch zeigt die Zahl 2459 m. Fast unmittelbar darauf folgt die Paßhöhe mit

Geschafft! Aber ob die angegebene Höhe stimmt, ist zweifelhaft.

der Angabe 2509 m. Nie im Leben stimmt diese letzte Zahl, da die Straße nicht so steil ist, um einen 50-m-Höhenunterschied auf so kurzer Distanz zu bewältigen. Auch andere Radfahrer glauben das nicht. Ein plausibler Grund für diese falsche Zahl scheint mir die Großglockner-Hochalpenstraße zu sein. Sie ist 2505 m hoch. Vielleicht will man sie auf diese Weise um vier Meter übertrumpfen – Rivalitäten unter Alpenstraßen? Ich bin den 2491 m für das Timmelsjoch in meiner Karte eher zugeneigt. Um 13.30 Uhr fährt Richard wieder nach Sölden zurück und ich St. Leonhard entgegen.

Nach der Zollkontrolle macht mich der italienische Zollbeamte auf ein Schild aufmerksam, das mir das Radfahren in Richtung Meran verbietet. Ich glaube erst an einen Scherz, als er mir noch dazu sagt, daß ich die ganze Straße herunterzulaufen habe. Ich lache laut, aber kurz, da er sehr streng aussieht. Also mache ich vor den Augen des Beamten Anstalten, wirklich mein Rad zu schieben. Er scheint zufrieden. Je weiter ich gehe, desto lächerlicher wird mir mein Tun. Auch die mir entgegenkommenden Autofahrer schauen mich fragend an. Hinter der nächsten Kurve, außer Sicht des Zollbeamten, schwinge ich mich aufs Rad und genieße die ersten Meter Timmelsjochabfahrt.

Zur Abfahrt selbst muß ich sagen, sie ist eine der schönsten, die ich bisher gefahren bin. Hervorragend dem Gelände angepaßte Straße im unteren Teil durch idyllische Wälder. Bäume beiderseits der Straße, sanfte Kurven und großartige Serpentinen, sehr abwechslungsreich – nur der Belag ist grauenhaft! Ich rolle aus bis St. Leonhard, wo ich eine sehr günstige Pension mit Halbpension finde. Abends spiele ich mit den zwei Söhnen des Besitzers Fußball.

Die italienische Seite des Timmelsjoches verspricht eine einladende Abfahrt.

Bella Italia

3. Etappe: St. Leonhard – Sterzing – Klausen – Würzjoch – Cortina – Tre Croci-Paß – Cortina; 295,6 km – 7235 Hm – 5 Tage

Das Frühstück um 8.40 Uhr kann ich trotz großen Appetits nicht so recht genießen. Andere Pensionsgäste merken an meinem Gurgeln mit Kamillentee, daß ich (immer noch) Halsschmerzen habe. Sie sorgen sich rührend um mich und geben mir Halslutschtabletten (Frubienzym), mit welchen Besserung eintritt.

10.15 Uhr Abfahrt zum Jaufenpass. Ich verspüre heute eine große Lockerheit in den Beinen, was ich auf das gestrige Gekicke mit den zwei Buben zurückführe. Nach fast zwei Radwochen war dies eine gelungene Abwechslung für beanspruchte Radfahrerbeine. Die Straße führt über lange Serpentinen durch herrlich duftende Nadelwälder konstant bergauf, erinnert an den Malojapaß. Bei meiner ersten Rast an einem Wasserfall kommt von unten ein hupendes Auto angefahren. Es ist Richard aus Sölden. Er berichtet mir, daß er gestern beim Zurückfahren vom Timmelsjoch nach Sölden an einer unebenen Stelle mit dem Rad ins Trudeln gekommen und gestürzt war (etwas aufgeschürft, aber nicht so schlimm). Deshalb sei er heute mit dem Auto unterwegs in Richtung Pfitscher Joch, Mineralien suchen. Für mich ist seine Anwesenheit eine gelungene Überraschung und wir erzählen über eine Stunde. Danach gehts einerseits mit dem Auto, andererseits mit dem Rad in Richtung Paß. Ich bin sehr froh, daß trotz des herrlichen Wetters, das eigentlich zu Ausflügen einlädt, recht geringer Verkehr herrscht. Vor der letzten Kehre der Paßhöhe sind italienische Bauunternehmer fleißig am Renovieren der Trasse, was sehr nötig ist. Knapp 500 m vor dem höchsten Punkt

finde ich neben der Straße ein günstiges Plätzchen zum Rasten. Ein großer Stein, der viel Ähnlichkeit mit einem Sessel hat, lädt dazu ein, sich niederzulassen. Hier esse ich eine Kleinigkeit und genieße eine einmalige Aussicht auf mehrere Dreitausender. Einen Meter vor mir geht es sehr steil bergab, und ich habe die komplette Baustelle der Straße im Blickfeld, des weiteren eine zum Tal geneigte Alm, ganz unten mein heutiger Ausgangsort St. Leonhard und darüber das oben beschriebene Panorama in gleißendem Sonnenschein. So läßt sichs aushalten (drei Stunden). Vom Paß her kommt ein bepackter Radler, der in Neuseeland wohnt. Trotz starker Magenschmerzen, die von schlechter Milch herrührt, ist er unterwegs. Er braucht Rat, wie man am besten nach St. Moritz kommt. Ich gebe ihm Tips.
Als mir die Sonne an den Armen weh zu tun beginnt, entschließe ich mich zur Weiterfahrt »um die Ecke« zum Paß. Oben wartet ein 50jähriger Radler, der erst mit 40 angefangen hat zu radeln. Er bittet mich, ihn nach Sterzing zu begleiten. Die Paßfahrten sind sein persönliches Geschenk zum 50. Geburtstag. Ich soll langsam vorausfahren, da er zuviel Respekt vor einer alleinigen Abfahrt hat. (Er gibt mir Schokolade und Obst dafür!) Nach einem heißen Tee starten wir zur Abfahrt (17 Uhr). Nach fünf gefahrenen Kilometern (30 km/h!) kommt uns ein Auto mit Lichthupe entgegen. Kaum zu glauben, aber es ist wiederum Richard, der, enttäuscht von der Mineralienarmut des Tales, sich schon verfrüht zur Rückfahrt entschlossen hat. Wir unterhalten uns bis kurz vor 22 Uhr (!). Währenddessen fährt mein 50jähriges Findelkind vorzeitig alleine runter. Als ich mich von Richard zum wahrscheinlich letzten Male verabschiede, wird uns bewußt, daß das Timmelsjoch ab 22 Uhr Nachtfahrverbot hat. Richard wollte auf diesem Weg nach Sölden retour. So muß er über den Brenner und

Innsbruck nach Norden nach Sölden fahren. Er bewährt sich bei der Jaufenpaßabfahrt nach Sterzing als perfekter Straßenausleuchter, dann nochmals Gehupe, Gewinke, und fort ist er. In Sterzing suche ich dieselbe Pension wie vor fünf Tagen auf. Ich bin schon etwas später und muß die Vermieter auch noch vom Fußballspiel Italien-Uruguay trennen, damit sie mir das Zimmer zeigen können.

Heute bin ich absolut heiß aufs Radfahren. Die Sonne lacht von einem wolkenlosen Himmel. Ideale Verhältnisse. Mit dem Rad geht es raus aus Sterzing in Richtung Penserjoch. Zuerst führt die Straße recht flott in den Wald hinein, doch ganz unvermittelt beginnt sie zu steigen, und das mit 13% über eine längere Zeit hinweg. Bei jedem Pedaltritt merke ich, daß ich mich an einem Paß befinde, der mir mit seiner Bauweise und der Streckenführung sehr lieb ist. Diesen Paß bezeichne ich wohl zurecht als ein weiteres Meisterwerk der italienischen Straßenbauer. In dieser Reihe wären auch noch zu erwähnen die Südseite des Timmelsjochs (nicht die Nordseite!), Splügen und das Stilfserjoch. Man weiß ja, welche großartigen Straßenbaukünstler die Italiener hervorgebracht haben, und genau das spiegelt sich an der heutigen Straße wider. Der große Wermutstropfen ist nur, daß eben diese Italiener mit der Einstellung gebaut haben: Einmal gebaut – für immer gebaut. Der Zustand all ihrer Meisterwerke läßt sehr zu wünschen übrig. Stattdessen werden Schilder aufgestellt (z.T. stehen sie Jahre), auf denen steht: beschädigte Fahrbahn; langsam fahren; Unebenheiten etc.
Beim Hochfahren ist dies ja noch nicht einmal so schlimm, aber jede Abfahrt auf einem dieser Kunstwerke ist mit einem großen Sturzrisiko verbunden. Außerdem kann man sich einen Schaden am Fahrrad, z.B. an der Felge oder den Speichen, zufügen. Im allgemeinen sind Abfahrten auf glat-

Beim Penserjoch bietet eine Rad eigener Prägung italienische Impressionen.

tem Asphalt doch viel schöner, als wenn man ständig durchgerüttelt wird. Die Krönung ist dann, daß man einige Ausbesserungen sieht, die aber nur ein Provisorium darstellen. Teilweise sind Löcher in der Straßendecke mit einem Haufen frischen schwarzen Asphalts abgedeckt, der noch nicht einmal fachgerecht gewalzt wurde, wenn überhaupt. Der Reifen, der über solche Stellen rollt, ist dann gut verklebt, und die lose Teermasse liegt verstreut auf dem Boden herum! Nach ein paar Wochen der verschiedensten Witterungsverhältnisse, von Hitze über Regen bis hin zur Kälte, haben diese Ausbesserungen eine charakteristische Wellenform bekommen. Durch solche halbherzigen Bemühungen und die schleppende Beseitigung von Winterfrostschäden werden diese Meisterwerke mit jedem Jahr baufälliger und unangenehmer. Schade!
Während ich so hochfahre und am Tacho einige Informationen per Knopfdruck anfordere, fallen mir ganz viele senkrechte Striche in der Anzeige auf. Im ersten Moment denke

Beeindruckend ist der Panoramablick vom Penserjoch nach Norden mit den Zillertaler Alpen und dem Gran Pilastro (3510 m).

ich, »jetzt ist er kaputt«, doch dann wird mir bewußt, daß ich bei km 1111,1 der Reise angelangt bin – und das ausgerechnet um 11.11 Uhr. So ein Zufall! Erfreut und verwundert über dieses Ereignis beschließe ich, darauf einen zu trinken. Das Wasser aus meiner Flasche scheint sogar besser zu schmecken – aber nur, weil ich es mir so vorstelle. Nach knapp drei Stunden bin ich oben und bewundere die Aussicht gen Norden. Im Gasthaus folgt ein Insalata Mista (gemischter Salat) und anschließend ein kleines Sonnenbad. Unterdessen spielen ein paar Kinder auf der Paßhöhe

mit einem Ball. Ein wagemutiges Unterfangen, wenn man die steilen Abhänge zu beiden Seiten des Passes bedenkt. Und prompt rollt auch schon der Ball hinunter, was bei den oben anwesenden Touristen Grund zur Heiterkeit ist. Die Kinder rennen dem Ball auf direktem Weg hinterher und bringen ihn auch tatsächlich wieder mit.
Um 14.30 Uhr gebe ich dem Fahrrad einen Ruck und eine Abfahrt, die 2000 Höhenmeter umfaßt, beginnt. Die ersten 13 km ohne Zuhilfenahme der Pedale, doch dann ebbt das Gefälle ab, und ein starker Gegenwind stellt sich ein. Heute ist er mir angenehm, da es mit jedem Meter, den es tiefer geht, sehr warm wird. Ca. 10 km vor Bozen kommt ein recht

interessanter Abschnitt. Eine Folge von rund 20 Tunnels (330 – 900 m lang) beherrscht die Szenerie. Ein großer Nachteil ist nur, daß jegliche Beleuchtung im Innern fehlt. Zweimal bekomme ich es regelrecht mit der Angst zu tun. Grund dafür sind zwei Tunnel, beide über 800 m lang und stark gekrümmt, und man sieht das andere Tunnelende nicht. Da die Straße in diesem letzten Teilstück vor Bozen nochmals recht stark fällt, rauscht man mit ziemlicher Geschwindigkeit in die Röhren hinein. Bei den meisten ist das kein Problem. Sie sind nur 300 m lang und kerzengerade, es ist ausreichend diffuses Tageslicht vorhanden, um die Straße zu erkennen. Bei den beiden oben genannten Fällen ist es eben stockfinster. Ehe ich mich versehe, fahre ich in ein schwarzes Loch hinein, wo innen überhaupt nichts zu erkennen ist. Sofort bremse ich, schalte den Dynamo ein (ich hatte ihn bei den kurzen Tunnel nicht an!) und hoffe, daß mich eventuell nachfolgende Fahrzeuge rechtzeitig bemerken. Es ist ein außergewöhnliches Gefühl, in einer komplett schwarzen Umgegend zu sein, langsam anzufahren und feststellen zu müssen, daß die Lichtstrahlen der Radlampe in einem schwarzen Vakuum nahezu verschluckt werden. Regelrecht durchtastend und mit weit aufgerissenen Augen geht es Meter für Meter vorwärts. Im anderen Tunnel ist zum Glück ein Auto mit von der Partie, das mich überholt. Es fährt auch nicht so schnell (wen wundert's), so daß ich mich, so gut es geht, »dranhängen« kann, um die Straße, d.h. zumindest deren Verlauf, verfolgen zu können. Den Belag sieht man nicht, nur die Richtungsänderung des Tunnels.

Unten in Bozen erdrückt mich ein geradezu unmenschlicher Hitzeschwall. So schnell es geht, will ich raus aus diesem Talkessel, weiter ins Eisacktal in Richtung Klausen, wo ich dann übernachte. Es folgt eine Dusche und Brötchen mit Schinken.

Mit dem heutigen Tag beginnt die Tuchfühlung mit den Dolomiten. Ich wähle die Zufahrt durchs Villnößtal. Bei mäßiger Steigung, pulsierendem Verkehr und brennender Sonne fahre ich bis nach St. Peter, wo ein herrliches, knapp 9 km langes Sträßchen zum Kofeljoch beginnt. Von dieser Art Querverbindung will ich nicht anfangen zu schwärmen, sonst wird das Buch zu umfangreich. Ich sage nur kurz: Es ist eine Straße, die zu den sogenannten unbekannten kleinen gehört und die nicht so Beachtung findet. Dabei ist sie in ihrer ganzen Länge herrlich zu fahren. Sie ereicht nicht wie die großen Alpenstraßen schwindelerregende Höhen und wartet nicht mit Megapanoramen auf. Nein, sie führt sehr malerisch durch ein Waldgebiet, das komplett unberührt ist und an einen Naturpark angrenzt. Die Straße selbst ist meistens nur so breit, daß ein Auto Platz hat, von St. Peter ist sie auf den ersten drei bis vier Kilometern sehr steil, flacht dann aber stark ab, führt recht kurvenreich um bewaldete Felsenvorsprünge herum und gewährt zeitweise herrliche Ausblicke auf naheliegende Berge. Ein Tip: Unbedingt von St. Peter aus befahren! Ich glaube, daß dieses kleine Sträßchen seinen »großen Brüdern«, den diversen Dolomitenstraßen, wenig nachsteht mit dem kleinen Unterschied, daß sie ausgesprochen schwach frequentiert ist. Abschließendes Urteil: klein, aber fein!
Am Kofeljoch angekommen, folgt eine kurze Abfahrt, die sofort mit einem letzten Anstieg zum Würzjoch fortgesetzt wird. Während des Tages haben sich aufgrund der Hitze wieder riesige Cumuluswolken gebildet. Oben am Würzjoch glänzt zwar noch Sonnenschein, aber ein Blick nach Osten ist zum Abgewöhnen. Grauschwarze Wolken sitzen dort fest verankert, an eine Aussicht ins Tal ist nicht zu denken. Als ich noch im Zweifel bin, ob ich runter rollen und nach Cortina weiterfahren soll, vernehmen meine Ohren die ersten Donnerklänge. Beschlossene Sache, ich

bleibe oben. Die Übernachtung (Zimmer 12 Betten /ich alleine) incl. Frühstück ist mit 20000 L(ire) noch gut zu verkraften. Dies wird eine meiner höchsten Übernachtungen sein. Später regnet es.
Nach einem reichhaltigen Frühstück packe ich das Rad und rolle nach St. Martin in Thurn. Dann geht es über mehrere kleine Ortschaften nach St. Kassian, das ich als »Basisort« zum Valparolapaß nehme. Von den umliegenden Felstürmen sehe ich leider nur die untersten Teilstücke und selbst diese grau in grau. Zum Valparolapaß hin verdichtet sich die ganze Wolkenmasse. Beim Hochfahren hört man es donnern, dazu regnet es. Nach den letzten Tagen der unbändigen Hitze stört mich das heute überhaupt nicht, es ist sogar sehr angenehm, während des Anstieges mal nicht diesen ungeheuren Schweißausbrüchen ausgesetzt zu sein. Die Steigung ist nicht aufregend, so um 8%. Um 12.30 Uhr stehe ich vor dem Restaurant auf der Paßhöhe. Hier zweimal heiße Schokolade und Trocknen der regennassen Kleidung. Um 13.30 Uhr geht's weiter zu dem um die Ecke liegenden, etwas niedrigeren Falzaregopaß. Mal eine andere Art, eine Paßhöhe zu erreichen – mit einer Schußfahrt auf sie zu! Hier erdrückt einen ein wahrhaftes Touristeninferno! Vier große Busse aus Sizilien (Catania) haben mehrere hundert Kinder und Jugendliche einer, wie ich vermute, Schule hierhergebracht. In den beiden Souvenirläden spielen sich geradezu tumultartige Szenen ab. Ich brauche länger als eine Viertelstunde, um mir einige Karten und einen Aufkleber rauszusuchen und bezahlen zu können. Der Geräuschpegel ist sehr hoch, da jeder die mannigfaltigen Möglichkeiten der zu kaufenden Artikel testen will. Da wird reingeblasen, dort draufgedrückt, diese Spieluhr aufgezogen und jener Scherzartikel ausprobiert – und alles trägt den Schriftzug »Dolomiti« und »Passo di Falzarego« –, was da pro Tag umgesetzt wird. »NERV«! Hier hält es mich

nicht sehr lange, obwohl überraschenderweise die Sonne kurz zum Vorschein kommt. Die Abfahrt nach Cortina d'Ampezzo muß ich mir mit einem überbreiten Militärfahrzeug mit Anhänger teilen, das vorausfährt. Der Dieselgeruch hebt mich nicht gerade in höhere Sphären des Wohlbefindens, also nutze ich eine übersichtliche, recht steile Stelle, um ihn zu überholen. So habe ich ca. 3–4 km freie Fahrt, ehe das Gefälle abebbt, ja total flach wird. Ich trete rein, um dem anrollenden Dieselungeheuer zu entgehen. Doch vergebens, es überholt mich haarsträubend eng, da es dem gleichzeitig entgegenkommenden Verkehr ausweichen muß. Ich lande beinahe im Straßengraben und schimpfe dem Laster nach. Doch was soll's; »sie« hören es nicht, und es kümmert »sie« recht wenig, was hinter ihnen passiert. Nun lasse ich das Ungetüm vorausrollen, damit ich es nicht mehr sehe. Als ich dann weiterfahre, folgt ein zweites Gefälle, und ich bin schon wieder hinter dem Gefährt. Aber inzwischen ist Cortina d'Ampezzo so nahe, daß ich mich lieber nach einer Übernachtungsmöglichkeit umsehe, anstatt mich mit dem Laster herumzuärgern. Die befragten Leute zucken hilflos mit den Achseln, als ich nach einem günstigen Hotel frage. Wen wundert's bei einer so unüberschaubaren Zahl von Hotels und Pensionen. Also ziehe ich eine Touristenfremdenzimmer-Informationsstelle zu Rate. Ich erhalte einen umfassenden Übersichtsplan, der nach den verschiedenen Kategorien (fünf Sterne bis ein Stern und weniger) geordnet ist. Ich entscheide mich für ein 2-Sterne-Hotel mit Halbpension für 50000 L pro Nacht unmittelbar beim Zentrum. Das Abendessen, das hier serviert wird, ist für einen Radfahrer, der zwei Wochen lang recht improvisiert gegessen hat, mehr als pompös! Auch das ganze Drumherum! Großer Saal, Kronleuchter, fünf verschiedene Bedienungen, dreifache Auswahl der verschwenderischsten Menüs. Wahnsinn! Und dann ich in die-

ser Umgebung mit kurzer Hose (keine lange wegen Gewichtsersparnis), Sweatshirt und Turnschuhen! Alle anderen sind dagegen so chic! Ich sehe mich hundert kritischen Blicken ausgesetzt. Von meiner heutigen Etappe habe ich wieder ein Sträßchen wegstreichen müssen (Rifugio 5 Torri). Da die ganze Bergszenerie hoffnungslos in Wolken gehüllt war, erachtete ich es nicht als besonders lohnend, da hoch zu fahren. Ich hoffe nur, daß ich morgen mehr Glück habe. Gegen Abend starkes Gewitter und Regengüsse!
8.30 Uhr Abfahrt in Richtung Passo Tre Croci. Als ich schon fast oben bin, kracht es wieder mal fürchterlich im hinteren Ritzel. Es hängt diesmal ganz lose herum. Schnell wieder runter nach Cortina, jetzt ist es soweit, daß es repariert werden muß. Der Fahrradmechaniker testet das Ritzel und belastet es. Er sagt aber zu meinem Erstaunen, daß nichts kaputt sei. Was ist das nur für ein Defekt, der mal kommt und mal geht? Also erneut zum Tre Crocipaß. Es hält!
In Misurina wird kurz pausiert, und ich genieße den Ausblick über den See zu den drei Zinnen, wo ich noch hin will. Es drohen zwar bereits riesige Wolkentürme am Himmel, aber ich fahre trotzdem los. Es zieht sehr viele Radfahrer zu den wohl bekanntesten drei Dolomitenbergen. Die Straße ist teilweise sehr steil, es werden 16% angegeben. Mittlerweile verdichten sich die Wolken dramatisch, keine Berge mehr auszumachen, und es regnet. Für mich ein Grund, keine Pause bei der Auffahrt zu machen, was gleichzeitig bedeutet, daß ich die sieben Kilometer von Misurina auf 2320 m ohne Aussetzer schaffe. Oben angekommen, steuere ich direkt aufs Restaurant zu, um mich bei einer heißen Schokolade aufzuwärmen. Währenddessen wird es draußen für ca. 1½ Stunden recht freundlich, und die – ach so begehrten – Zinnen sind frei zu sehen! Schnell ein paar Photos und noch Gespräche mit anderen Radfahrern.

Um 14.30 Uhr fahre ich runter und nehme für den Rückweg nach Cortina die Alternative über die 1529 m hoch gelegene Cimebanche. Auf den letzten 6–7 km dieses Tages überrascht mich noch ein gewaltiger Platzregen. Musikstücke wie »It's raining again« von Supertramp oder »I wish it wouldn't rain down« von Phil Collins, »Raindrops keep falling on my head« von Frank Sinatra und »Here comes the rain again« von Eurythmics kommen mir ganz spontan in den Sinn, und ich kann mir ein Grinsen nicht verkneifen. Im Hotel ziehe ich mich schnell um und bin gespannt, was es heute wieder Gutes zu essen gibt.

Ritzelgeschichten und die Folgen

4. Etappe: Cortina – Canazei – Bozen (Bus); 39,2 km – 1330 Hm – 4 Tage

8.30 Uhr geht es los zum Giaupaß. Unterwegs mache ich Bekanntschaft mit drei Radfahrern, einem Hamburger, einem Stuttgarter und einem Münchner. Sie sind zwischen 30 und 40, sehr gut aufgelegt und für mich eine Art »Zugmaschine«. Nach zwei Stunden sind wir oben. Sie spendieren mir ein Stück Kuchen, und wir erzählen gelassen über Erlebtes, über Pläne und tauschen Erfahrungen und Tips aus.
Heute genießt man eine tolle Aussicht auf nicht in Wolken gehüllte Dolomiten – endlich!
Im Verlauf des späten Vormittags treffen ganze Radclubs in Scharen ein, unter anderem sogar ein sogenannter »Veteranenclub«. Keiner dieser alten Jahrgänge hat irgendwelche Krampfadern oder ist übergewichtig. Radfahren hält jung – hier sieht man es!
Um 11.30 Uhr fahren wir dann abwärts, kehrenreich auf tadellosem Asphalt, und das in Italien! Daran schließt eine kurze mäßige Auffahrt zum Colle S. Lucia an (tolle Aussicht nach Westen und Tiefblick), ehe der Rest der Abfahrt auf ca. 1000 m kommt.
Nach kurzer Ruhepause gehen wir den Anstieg zum Fedaiapaß an. Ich sage meinen drei Gefährten schon im voraus »auf Wiedersehen«, da ich weiß, daß ich mit ihnen nicht mehr mithalten kann – sie sind ja ohne Gepäck, und bei mir hat der Passo di Giau Tribut gezollt. Ich setze mir zum Ziel, so weit wie möglich zum Paß hochzukommen, ihn eventuell auch zu erreichen oder bei sich ergebender Situation irgendwo zu übernachten.
Doch es kommt alles ganz anders. Ich finde zwar meinen individuellen Tretrhythmus, pendle so bei 8 km/h ein und

lasse die drei vorausfahren. Sie sind schon eine Weile fort, als ein sehr lautes Schleifen an meine Ohren dringt. Ich denke zuerst an das Ritzel, das wieder mal seine »5 Minuten« zu haben scheint. Ich fahre weiter, als das Schleifen immer lauter wird, und kurz nach der Ortschaft Palue komme ich abrupt zum Stehen. Ich steige ab, um mir das Ganze näher anzusehen. Es ist wirklich nichts am Ritzel, also suche ich weiter. Mir scheint die ganze hintere Felge verdächtig locker, und merke sofort, was los ist: Mein Rad hat in diesem Moment einen Achsenbruch erlitten. Fassunglos lehne ich »den Patienten« gegen die Leitplanke an der Straße. Dann sinke ich zu Boden und sitze einfach so rum, den Kopf voller Gedanken. Achsenbruch, ausgerechnet mir? Und jetzt? Warum vor dem Paß, was das wohl kostet, es zu reparieren, wie steht es mit dem Zeitplan – morgen ist Sonntag. Kein Geschäft offen, Keine Bank. Kein Geld. Wo Übernachtung? Ich habe Hunger, habe aber nichts Fertiges zu essen dabei.

Nach 15 Minuten des Sinnierens halte ich einfach mir entgegenkommende Autos an, die in Richtung Paß fahren. Mit der international anerkannten Hand-Mund-Fußsprache erkläre ich meine Situation. Ich will für heute meinen eigentlichen Zielort Canazei erreichen, der mir groß genug erscheint, um ein Fahrradgeschäft zu haben. Nach mehreren erfolglosen Versuchen, sei es, daß die Befragten nicht über den Paß fahren oder daß das Auto zu klein ist (fast jedes Auto in Italien ist ein kleiner Fiat!), beschließe ich, das ganze Gepäck vom Rad herunterzunehmen und im Umkreis von zwei Metern zu verteilen. Das sieht dramatischer aus und macht meine Panne eindrucksvoller. Doch auch der Griff in die Trickkiste bringt nichts ein. Dann bemerke ich eine Bushaltestelle. Ich frage eine Frau, wann der Bus verkehre und was es koste. Sie sagt mir aber, daß der Bus nicht über den Paß fahren würde, geschweige denn nach Canazei. Nach diesen vergeblichen Bemühungen kommt wieder eine Phase der inneren Unzufriedenheit und der Verzweiflung über die Situation in mir auf. Dabei führe ich mir vor Augen, was gewesen wäre, wenn mir der Bruch bei einer Abfahrt vom Paß passiert wäre – verheerend! Also bin ich sogar froh, daß es so geschehen war. Plötzlich stehe ich auf, packe mein Gepäck aufs Rad und will hochlaufen. Hauptsache, ich komme vorwärts und bin abgelenkt von der Panne. Zu meiner Enttäuschung ist es aber ein Ding der Unmöglichkeit, da der gesamte Hinterradkomplex blockiert und sich nur ruckartig und unter grausamem Gekrache bewegt. Das lasse ich dann doch lieber bleiben, sonst beschädige ich vielleicht noch zu allem Überfluß die Schaltung und das eigentlich intakte Ritzel. Jetzt bleibt mir nur noch die Möglichkeit, die Bewohner des hiesigen Ortes um Rat zu fragen. Man sagt mir, daß im Ort jemand wohne, der mit seinem Auto über den Paß fahre – für Geld versteht sich –, es sei aber nicht teuer. Also los denn!

Ich mache dieses »Einmann-Taxigewerbe« aus, erkläre die Situation und bin kurz darauf 35000 L los! Dafür erreiche ich aber noch Canazei. Im schaue wehmütig, da ich den Paß gerne radfahrend bezwungen hätte. Wir laden das Rad in sein Auto – ein neuer Audi 80 Quattro turbo!

Mit hochdrehendem Motor brausen wir davon. Mein Chauffeur ist ein italienisches Original – nicht sehr groß, dicker Bauch, untersetzt, lichtes Haar, dunkle Sonnenbrille, gutgebräunter Teint, verrauchte Stimme, 20 Goldketten um den Hals und die Handgelenke. Unterwegs betont er immer wieder, welch gutes Auto er habe und wie gut er fahren könne – natürlich an italienischen Maßstäben gemessen. Er beschleunigt bis zum Anschlag, überholt in Kurven und lenkt praktisch mit seinem rechten Handgelenk, während die Hand sehr lässig über dem Steuerrad hängt. Serpentinen sind für ihn eine lästige Geschwindigkeitsverringerung, er lenkt mit über 50 in sie hinein und findet es lustig, wie ich mich an meinem Sitz festhalte! Währenddessen überholen wir meine drei Freunde, die gerade pausieren. Sie schauen her, ich winke, sie sind verdutzt und lachen gleichzeitig, als sie mich erkennen und ich im turboschnellen italienischen Taxiflitzer mit Eilgeschwindigkeit an ihnen vorbeiziehe.

In Canazei organisiert mir mein Fahrer eine günstige Pension 25000 L (incl. Frühstück) und erkundigt sich für mich nach einem Fahrradgeschäft. Aus diesem Grund lasse ich meinen Gewohnheitsspruch »Lei è molto gentile« (»Sie sind sehr liebenswürdig«) los, was noch bisher jeden Italiener glücklich gemacht hat. Kurz darauf verschwindet er wieder, so als müsse er eine Geschwindigkeitstestfahrt absolvieren. In meinem Zimmer wird erstmal dieser aufregende Tag verarbeitet. Dann meldet sich wieder mein Magen. Seit dem Stück Kuchen auf dem Giaupaß habe ich nichts gegessen. Es folgt der Blick in den Geldbeutel – oh Schreck! – nur 1100 Lire. Im gemischten Geldbeutel 7 Pfennig, 5 Rappen, 10 Centimes, 14 Schilling 50. Ich suche mein Gepäck nach Eßbarem ab und stoße auf meine 500-g-Packung Müsli. Da ich keine Milch oder Pulver habe, wird es mit Wasser angerührt. Es schmeckt nicht schlecht, und die Packung ist kurz darauf leer. Da die Banken morgen am Sonntag geschlossen haben, werde ich mir von den Pensionsleuten Geld leihen müssen (bis Montag), um etwas essen zu können – ich habe nämlich keine Halbpension, nur Frühstück. Gegen Abend erbitte ich mir noch drei Brötchen und einen Liter Milch.

Von 5–6 Uhr tobt ein starkes Gewitter. Um 8.30 Uhr stehe ich auf und frühstücke bis 9 Uhr. Es wird so viel reingestopft, wie nur geht, die Frau hat Verständnis. Von ihr erhalte ich leihweise 50000 L. Von 9–10 Uhr dann erneut ein Gewitter.

Was macht man an so einem Tag, der verspricht, langweilig zu werden? Man macht sich Arbeit. Zuerst wird angefangen, alle Kleidungsstücke, bis auf die, die man anhat, zu waschen. Ich werde mit jeder Minute enthusiastischer und lasse mich auch nicht von den zahlreichen Stromausfällen, die das Gewitter verursacht, ablenken, obwohl ich dabei im Dunkeln stehe (Bad hat kein Fenster). Mein batteriebetriebenes Radio ist das einzige, was da noch Leben in die Stube bringt. Nach dem Waschtag schaue ich etwas zum Fenster raus, um das Gewitter zu belauschen. Anschließend flegle ich mich aufs Bett, schaue meine Postkarten der vergangenen Tage an, schwelge schon etwas in Erinnerungen, lese mein Tagebuch – sehr unterhaltsam in solchen Augenblicken – und genieße einfach mal diesen freien Tag. Kurz, es wird das Beste daraus gemacht.

Darauf nicke ich für gut eine Stunde ein. Um 11.30 Uhr klopft es an die Tür. Halb taumelnd gehe ich hin und öffne. Es ist das Zimmermädchen, das nach den Betten sehen will. Sie ist sichtlich peinlich berührt, als sie merkt, daß sie mich aus meinem Mittagsschlaf holt.

Mittlerweile scheint draußen die Sonne von einem fast wolkenlosen Himmel. Jetzt aber los, ein bißchen spazieren bis 16.45 Uhr. Ich laufe durch Canazei in die Richtung der nächsten Ortschaften, am Fedaiapaß gelegen. Währenddessen kommen mir sehr viele Rennradfahrer mit Nummern entgegen. Sie fahren den Dolomitenmarathon, wie man mir erklärt. Wahlweise sechs Pässe über eine Strecke von 120 km oder acht Pässe mit 180 km. Von der Ortschaft Penia aus führt ein Wanderweg am Hang entlang nördlich der Fedaiatrasse (im ganzen immer ca. 100 m höher). Als ich eine schöne aussichtsreiche Stelle finde, knapp unterhalb der 2000-m-Grenze, setze ich mich einfach ins Gras. Ich kann fast die ganze Westrampe der Fedaiastraße überblicken, auf der die Radler runterkommen. Darüber riesige

Felstürme und kleine Ausschnitte der Marmolada. Natürlich habe ich meinen Fotoapparat nicht dabei, weil ich nicht gedacht hätte, daß ich heute zu einer Wanderung ansetze. Hier oben ist es so still, daß man den Wind durch die Bäume rauschen hört, als ob ein reißender Gebirgsbach fließt. Als sich der Anteil von Wolken gegenüber dem Anteil an blauem Himmel vergrößert, beginne ich mit dem Abstieg. Wieder an der Hauptstraße nach Canazei angelangt, komme ich gerade dazu, wie einer der Rennradler einen Platten bekommt. Er flucht fürchterlich. Aber ich kann da ja mitfühlen, obwohl sich mein Ärger eher im Inneren abspielt – nun gut, bei ihm geht es auch ums Rennen und um einen eventuellen Preis, den er nun abschreiben muß. Um 16.45 Uhr komme ich zu meiner Pension und ruhe mich noch etwas aus. Danach geht's mit meinem geliehenen Geld deftig essen. Ich folge dabei der Devise: gut, viel und preiswert. Ich frage in der Pension, und man empfiehlt mir das Restaurant »Te Cevena« in einem toll restaurierten Keller. Ich bin sehr zufrieden – lediglich beim Nachtisch werde ich enttäuscht. Ich habe eine Mousse au chocolat bestellt, die auf der Dessertkarte sehr schmackhaft aussieht und mit auserwähltem Vokabular beschrieben wird. Da lacht das Herz. Was dann aber kommt, ist der beste Witz. Frisch aus der Tiefkühltruhe serviert man mir ein fabrikverpacktes Fertigdessert auf einem – ironischerweise – toll dekorierten Unterteller. Dazu kommt eben, daß diese süße Köstlichkeit tiefgefroren ist und man von der eigentlichen Cremigkeit nichts verspürt. Auf der Verpackung steht noch auf Italienisch ein wichtiger Hinweis: Vor dem Verzehr ca. zehn Minuten bei Zimmertemperatur aufbewahren, damit höchster Genuß garantiert ist! Nun denn, ich stoße unter größerem Kraftaufwand den Löffel in den kalten Klotz… Und dabei hatte ich mich schon so auf dieses Gourmetdessert gefreut.

Beim Zahlen sagt mir die Bedienung noch ganz spontan, daß Deutschland im Halbfinale der Fußball-WM stehe, wobei er einen individuellen Gesang zu Italia '90 losläßt.
Auf dem Heimweg bin ich beeindruckt vom Abendhimmel, der mit kolossalen Cumuluswolken verbaut ist, durch die Sonnenstrahlen hervorleuchten.
Der Tag läuft genauso aus, wie er begonnen hat. Morgen wird es interessant, wenn es darum geht, mein Rad zu reparieren. Mal sehen!
Als ich am nächsten Morgen rausschaue, ist es bedeckt. Wenn es nur nicht regnet! Nach dem Frühstück hole ich mein Rad aus der Garage. Inzwischen sind schwarze Wolken am Aufziehen. Ich packe meinen Drahtesel mit beiden Händen hinten am Gepäckträger und schiebe ihn wie einen Schubkarren vor mir her, da das Hinterrad blockiert. Es scheint sehr lustig auszusehen, da viele Leute sich lautstark amüsieren. Für sie sehe ich vielleicht wie ein Fahrraddieb auf der Flucht aus. Aber was soll's, es ist die schnellste und effektivste Methode, voranzukommen. So schaffe ich es, vor dem großen Regenguß um 9 Uhr am Radgeschäft (de Tomas) zu sein. Der Fachmann schaut sich den Schaden an und sagt mir dann, für die Reparatur würden ihm die dazugehörenden Ersatzteile fehlen. Draußen regnet es bereits in Strömen, was sich bis nach 13.30 Uhr nicht ändert. Es entsteht sogar ein regelrechtes großes Unwetter mit Blitz, Donner und sintflutartigen Regenfällen. Die Straßen ähneln kurz darauf Bachläufen. Ich frage den Fahrradmechaniker, ob ich mein Rad bei ihm stehen lassen könne, da ich nun in der Stadt einiges erledigen wolle. Er ist einverstanden. Zuerst hole ich auf der Bank genügend Geld, damit ich die Übernachtung, die geliehenen 50 000 L und anderes begleichen kann.
In der Bank frage ich, ob eine Busverbindung nach Bozen bestehe, da ich fest daran glaube, daß es dort ein großes

Fahrradgeschäft mit einem eventuell umfassenden Ersatzteillager gibt. Er schickt mich zur Tourismusagentur zwei Straßen weiter. Hier erhalte ich die frohe Kunde, daß um 14.15 Uhr ein Bus fahre. Der Mann hinter dem Schalter schreibt mir alles auf und erklärt, wo die Haltestelle ist. Dort soll sich auch das Reisebüro befinden, das diese Busfahrten organisiert. Prima, denke ich, dort kann ich zum einen mein Rad und zum anderen mein Gepäck ins Trokkene bringen, bis der Bus kommt. Doch der Mann in diesem Reisebüro scheint sich nicht für meine Situation zu interessieren und meint gelassen: »Hier dürfen Sie nichts unterstellen, und im allgemeinen ist das Ihr Problem, wie Sie zurechtkommen!« Der hat gut reden! Also renne ich schnell wieder zum Radgeschäft, um dem Mann den aktuellen Stand der Dinge zu berichten. Er erlaubt mir, das Rad ruhig bei ihm stehen zu lassen, es macht ihm nichts aus. Sein Entgegenkommen ist Balsam für mich in dieser doch recht komplizierten Situation.

Das Rad ist somit erstmal zweitrangig. Jetzt muß ich erst wieder zurück zur Pension, das Gepäck holen. Doch der Weg ist lang, und es regnet in Strömen. Glücklicherweise kommt ein Freund des Radhändlers vorbei, und es ergibt sich eine Mitfahrgelegenheit zu meiner Pension. Hier erzähle ich der Vermieterin von meinem Problem. Sie fährt mich auf mein Bitten mit Gepäck zur Haltestelle und macht mich auf ein gegenüberliegendes Café aufmerksam. Die beiden jungen Barkeeper sind sehr unkompliziert und erlauben mir das Deponieren meines Gepäcks und des Rades, das noch im Radgeschäft steht. Davor treffe ich fünf Engländer, die Rat brauchen, wie man am schnellsten nach Venedig kommt. Sie haben sich auf der Suche nach dem direktesten Weg in den Alpen verheddert, kein Wunder, denn ihre Karte hatte – Europa-Format! Als ich meine sieben Sachen an einem Ort beisammen habe, atme ich erstmal tief durch. Es geht schon sehr an die Nerven, 2½ Stunden immer zwischen Hoffen und Bangen zu sein. Das erste Hindernis ist somit erfolgreich überwunden. Nun kann alles durch eine Kleinigkeit zum Scheitern verurteilt sein. Es geht um die Busfahrt. Ich habe es auf meinen früheren Radtouren schon mehrmals erlebt, daß Personen mit Fahrrad und Gepäck nur unter sehr großen Schwierigkeiten mitgenommen werden können, da der Bus meistens voll besetzt und der Gepäckraum ausgefüllt ist. Aufs Dach wird da nichts geschnallt... Ich habe viel Glück, sagt mir der Busfahrer mit aller Deutlichkeit, daß wir noch nicht in der Hauptsaison seien, sonst sei es unmöglich, und er spräche aus Erfahrung – so wie auch ich! Für 7700 L komme ich sogar sehr billig weg, wenn man bedenkt, daß der Bus etwas mehr als 50 km zurücklegt und über den Karerpaß fährt. Stichwort Paß: Von meiner Tour muß ich wehmütig nun auch einen der größten Höhepunkte wegstreichen. Ich hatte nämlich gehofft, daß das Rad hier in Canazei repariert würde, damit ich die großartige Sellarunde fahren könne.

So geht es denn im Bus über den Karerpaß und durch die beeindruckende Eggenschlucht nach Bozen, genau die Strecke, die ich normal mit meinem Rad gefahren wäre. Ich habe also Grund genug, die Dolomiten nochmals anzusteuern!

Im Bus lerne ich ein holländisches Ehepaar kennen, das mir ein billiges Hotel in Bozen empfehlen kann. Von der Endstation der Busstrecke läßt es sich leicht finden.

Im Hotel erbitte ich mir eine Information über ein Radgeschäft. Die Frau erklärt mir den Weg zu einer nahe gelegenen Radhandlung, die sie das »Non plus ultra« nennt. Sie übertreibt nicht, denn ich finde eine kaufhausähnliche Megahandlung vor (»Velo«, Tilmann Waldthalers »Außenstelle«!), die, so scheint mir, auch jedes Teil auf Lager hat. Man nimmt mir mein Rad ab, analysiert kurz den Defekt

und sagt mir, daß ich es am nächsten Tag um 12.30 Uhr abholen könne. Auf dem Rückweg ins Hotel juble ich innerlich, daß die verzwickte Lage gemeistert ist.
Für morgen hoffe ich dann, so nahe wie möglich zum Stilfserjoch ranfahren zu können. Von meinem Hotelzimmer habe ich einen Überblick auf eine belebte Straße des Zentrums. Essen im Hotel: Brot und Salami.
Beim Zubettgehen verspüre ich irgendwelche Magenbeschwerden, um die ich mich aber weiterhin nicht kümmere. Um 1 Uhr wache ich dann vor Übelkeit auf. Kurz darauf entledige ich mich des zweifelhaften Mageninhaltes. Die Salami schien wohl nicht so in Ordnung, so wie ich es vor zwei Jahren erlebt hatte, als ich damals mit Volker (»Hallo Volle«) während unserer gemeinsamen Radtour eine Pizza aß, bei der die Salami eindeutig verdorben war. Wir waren danach einige Tage noch recht wackelig auf den Beinen gewesen.
Heute morgen sind meine Beine so schwach, daß ich beinahe hinfalle. Unten im Frühstücksraum verlange ich lediglich eine Kanne Kamillentee, die mich wieder ins rechte Lot zu bringen vermag. Anschließend lege ich mich wieder ins Bett, ehe ich vor 12 Uhr in die Stadt gehe, mein Rad abhole (45000 L) und auf dem Markt Äpfel und Trauben kaufe. Danach verschlägt es mich gleich wieder ins Bett (bis 16 Uhr). Danach esse ich Trauben, von denen ich erwarte, daß sie meinen Verdauungstrakt wieder anregen und normalisieren.

Die Traumstraße der Alpen und ein Spurt

5. Etappe: Bozen – Trafoi – Tirano – Ascona; 363,3 km – 2805 Hm – 3 Tage

Als ich mich am nächsten Morgen um 9 Uhr aufs Rad setze, verspüre ich eine grenzenlose Freude, daß es endlich weiter gehen kann. Die ersten zehn Minuten fallen mir jedoch sehr schwer, zum einen wegen der dreitägigen Pause und zum anderen, weil meine Beine von der Magenverstimmung noch recht schwach sind. Die ca. 30 km nach Meran verlaufen sehr flach, das tut mir gut. Die 50 folgenden Kilometer geht es dann über einige Talstufen, bei extremem Gegenwind, nach Schlanders hoch. Mein Gepäck erweist sich leider als perfekter Bremser. Wenn es dann mal etwas steiler wird, hält sich die Geschwindigkeit unter 5 km/h (!) oder ich bleibe sogar stehen. So ein Gegenwind kann einem schwer zusetzen, speziell wenn er mit verstärkten Böen aufwartet. Man muß zu dem großen Kraftaufwand des sich Vorwärtsbewegens noch ausreichend Energie und Reaktionsvermögen besitzen, um das Rad sicher zu lenken und es bei seitlichen »Angriffen« aufrecht zu halten. In Prat decke ich mich mit etwas Proviant ein und gönne mir eine Pause bei einem Eis. Danach geht es weiter aufwärts ins Trafoier Tal. Auf diesen Kilometern ist es nun absolut windstill, und obwohl die Straße um einiges steiler ist, läßt es sich viel angenehmer fahren. Zwischen Gomagoi und Trafoi befahre ich die ersten zwei der insgesamt 48 Kehren umfassenden Stilfserjochstraße. In Trafoi übernachte ich in einer Pension, in einem Zimmer, von dem aus ich direkt auf die Kehre 46 schauen kann. Sie will ich morgen passieren. Ich bin innerlich recht aufgeregt, denn für mich ist das Stilfser Joch die Traumstraße der Alpen.
Der Tag beginnt optimal mit wolkenlosem Himmel, denn es hatte über Nacht aufgeklart. Bis 10 Uhr bin ich praktisch

Durch das Vintschgau (italienisch: Val Venosta) führt die Etappe zum dritthöchsten Alpenpaß.

Die Auffahrt zum Stilfserjoch ist ein wahres Serpentinenwunder.

alleine mit dem Paß und seiner phantastischen Kehrenanlage. Ich kann während dieser Zeit das erste Mal in meinem Leben Murmeltiere in freier Wildbahn beobachten. Bisher mußten da Tiersendungen im Fernsehen herhalten. Mein erstes Murmeltier läuft ca. zehn Meter vor mir über die Straße und verharrt dann am Straßenrand. Ich halte sofort an und hole, mit starrem Blick auf das Tier und mit nach hinten gerichteten Armen, meinen Photoapparat hervor (sehr ungelenke Stellung!). Dann stelle ich alle Maße ein und fahre, mit der Kamera vor dem Auge, los. Bis auf fünf Meter läßt es mich heran, dann entwischt es in den unter ihm liegenden Baueingang. Nach mehr als fünf weiteren Begegnungen entdecke ich sogar eine Dreiergruppe. Sie scheinen mich wohl noch nicht bemerkt zu haben, also lehne ich das Rad an die Bergseite der Straße und pirsche mich von einer für mich günstig gelegenen Felsanhäufung seitlich an sie ran. In dem Moment, als ich »abdrücken« will, ertönt ein schriller Ton, und in Windeseile sind die drei auch schon verschwunden. Ein Komplize des Murmeltierclans hat mich wohl – entfernt – in meiner Tätigkeit beobachtet, eine gewisse Toleranz mir gegenüber an den Tag gelegt, mich aber dann gnadenlos ausgepfiffen!
Inzwischen hat sich der Verkehr vom Tal her verstärkt, und ein Blick auf die Uhr sagt mir, daß ich ganz schön lange bei den Murmeltieren verweilt habe. Was soll's – sowas erlebt man sehr selten oder wie ich zum ersten Mal. Dann geht es aber weiter, angespornt durch Zurufe und Gehupe von zahlreichen Autotouristen, meistens verbunden mit mitleidigen Blicken und zum Teil erschrockenen Gesichtern, inklusive Kopfschütteln. Sie können da eben nicht mitfühlen. In einem Auto oder einem Bus ist man durch eine Glasscheibe von der Realität getrennt. Das Radfahren (oder Wandern) trägt zur Erhöhung der Naturfreude bei, da man an jeder schönen Stelle sich dem Genuß ungestört hinge-

ben kann. Es ist jedoch nicht nur das Staunen über einen großen touristischen Anziehungspunkt, was den Naturliebhaber ausmacht. Nein, es gibt in den Bergen unzählige kleine Dinge, die es wert sind, beachtet zu werden, die aber leider übersehen bzw. »überfahren« werden. Wer bemerkt schon die Insekten, die sich am Boden bzw. auf der Straße tummeln? Mit Allradantrieb und Turbodiesel strebt man der Paßhöhe entgegen. Wie soll es einem möglich sein, Tiere wie z. B. Murmeltiere zu sehen, wenn man sie mit Motorengeräusch verscheucht? Wie soll man sich am Duft von verschiedenen Bäumen und Blumen erfreuen können, wenn man hinter Glas sitzt und sich über die Abgase des Vordermannes aufregt? Welcher Mensch hat an einem heißen Sommertag die Abkühlung und Befeuchtung der Luft durch einen Wasserfall am Straßenrand gespürt, während die Klimaanlage im Wagen gefälschte Temperaturen vermittelt? Oben auf der Paßhöhe steigt man aus und sagt: Ist es nicht schön hier? Doch kehrt man gleich darauf ein und raucht eine Zigarette (aktiv wie passiv), weil es draußen zu rauh und ungemütlich ist...
Wie sagte Faust so schön:
Wenn ihr's nicht fühlt,
ihr werdet's nicht erjagen. (534)
oder
Erquickung hast du nicht gewonnen,
wenn sie dir nicht aus eigner Seele quillt. (568/9)
Wenn man sich in die Natur begibt, kommt es nicht auf viele Worte an, sondern auf die innere Einstellung.
Um 11.30 Uhr erreiche ich etwas fröstelnd die Paßhöhe, da es urplötzlich zugezogen hat. Deshalb lasse ich mich dazu verleiten, einem lautschreienden Verkäufer ein »heißes Würstel« (4000 L) abzukaufen. Anschließend kommt auch wieder die Sonne und die ersten Radrennfahrer – es werden ca. 15. Als sie so beisammen stehen, hört man sie von ihren

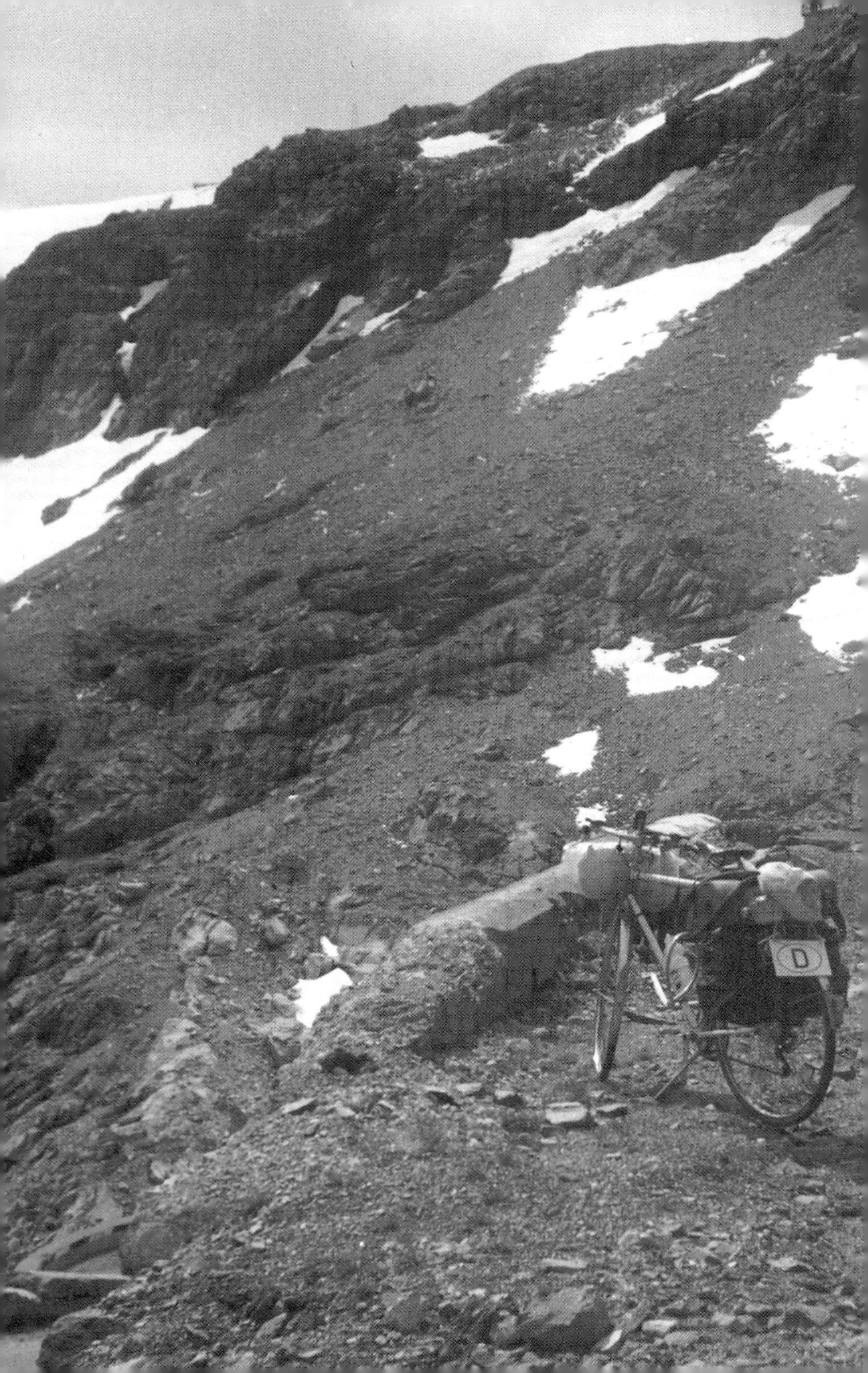

Leistungen prahlen, daß sie den Paß heute acht Minuten schneller geschafft haben als beim letzten Mal, wie gut sie seien, daß sie einen 15er-Schritt gefahren seien, woher sie denn heute nur die Kraft hätten, welche Rennsiege sie bereits an an welchen Orten errungen hätten...
Das ist ein Zustand, den ich niemals erreichen möchte. Straßen, die mich zu außergewöhnlich schönen Plätzen der Natur führen und mich zum Staunen bringen, werden so zu Trainingsobjekten degradiert und eine solche Paßfahrt zur reinen Routineübung. Nichts gegen Ehrgeiz und Körperleistung, aber...
Bei mir gibt es unterwegs noch Ausrufe der höchsten Verzückung: Oh!- und Ah!-Erlebnisse und Freudenschreie beim Erreichen des höchsten Punktes der Strecke. Als ich von der Paßhöhe in Richtung Ortler sehe und die umwerfende Kehrenanlage bewundere, kommt mir eine Textpassage in den Sinn, die ich in der Zeitschrift »Der deutsche Radfahrer«, Ausgabe Nr. 19, XI. Jahrgang 1895, 1. August, Seite 278, gelesen hatte. Damals war eine Gruppe von Radfahrern mit Hochrädern (!) am Stilfserjoch unterwegs und kam zu folgendem Urteil:
»Man kann ja beide Seiten des Joches herab mit Rad befahren, aber man darf die Herrschaft des Rades nicht verlieren, und immer langsam fahren, denn die Windungen sind oft scharf und – ich mag nicht daran denken, was begegnen müsste, wenn man über das Rad hinaussauste in die Luft! Also vorsichtig! Dann geht's ganz gut. ... Fahret langsam! Suldenstraße und Stilfserjoch lassen sich nicht ungestraft 'kilometern'.«

Die vorletzte Serpentine am Stilfserjoch; die Landschaft ist karg, der Himmel grau verhangen und bei der Kälte ist man froh, in die Pedale treten zu können.

Dies nehme ich mir sehr zu Herzen, da die Abfahrt nach Bormio nicht minder kehrenreich ist. Da die Sonne scheint, bin ich sehr optimistisch und fahre nur in kurzer Hose und Windjacke. Die ersten Kilometer ist es sehr kalt, doch mit zunehmender Nähe des Ortes Bormio wird es recht angenehm. Ab Bormio erwartet mich ein sturmartiger Gegenwind. Die entgegenkommende Luft wird derartig in einen »hineingepumpt«, daß das Atmen und die richtig dosierte Abstimmung zum Rhythmus des Tretens schwerfällt. Also wird pausiert.

Der Karte entnehme ich, daß die nächste Ortschaft Morignone heißt. Doch dieser Ort taucht nicht auf, stattdessen führt die Straße durch ein gespenstisch wirkendes Gelände, das einem ausgetrockneten Stausee sehr nahe kommt. An beiden Seiten der Berghänge beeindrucken riesige nackte Felsbarrikaden, und Schilder weisen auf ein steinschlaggefährdetes Gebiet hin. Zwei Italiener, die am Straßenrand stehen und mit ihren Fingern in dieses Gelände zeigen, veranlassen mich zu halten und sie spontan zu fragen, was hier los sei. Sie klären mich auf, daß es 1987 hier einen Bergsturz vom gegenüberliegenden Cime Redasco (3139 m) aus gegeben habe, bei dem der Ort Morignone völlig dem Erdboden gleichgemacht wurde. Sie erzählen mit solch einer Genauigkeit, daß ich bestens informiert werde, was sich damals zutrug, obwohl ich nur die Hälfte verstehe. In dieser Gegend habe ich lediglich den Bergsturz in den Lago di Poschiavo im Sinn und bin von dieser für mich neuen Information und von dem Ausmaß der Vernichtung, das man immer noch sieht, übermannt. An einem reich bewaldeten Tal ein derartig nackter Fleck ist richtig erschreckend, noch dazu, wenn man nun weiß, aus welchem Grund...

Die Männer fragen mich dann, wie fast jeder Italiener, begeistert von dem ganzen Drumherum des Radfahrge-

schehens, über meine Tour und informieren mich – verbindlich – über den weiteren Verlauf der Straße: Tendenz fallend bis nach Tirano. Und wie recht sie haben! Zu meiner Freude hat sich der Wind gedreht und jetzt geht es abschnittsweise mit fast 70 – Motorroller überholend – durch viele kleine Ortschaften nach Tirano. Hier übernachte ich für 18000 L sehr billig. Der Wetterbericht sagt im Radio: großes Tiefdruckgebiet – Wetterverschlechterung. Jetzt zieht es mich so schnell es geht zur Verwandtschaft in die Schweiz, wo ich auch meine Eltern treffe.
Im Bad (mit Toilette) hängt ein Kasten mit einer Schnur. Erinnert im ersten Moment an Luftverbesserer (Motto: 1x Ziehen = 1x Zisch ...), ist aber eine Art Alarmanlage – »Nothilfe« (für alle Fälle). Ich merke es zum Glück im letzten Moment (ich lese den Schriftzug »Nothilfe«) und vermeide somit Unannehmlichkeiten. AUWEIA!
Die Regenzone muß offensichtlich am nördlichen Alpenhauptkamm hängengeblieben sein, denn es ist weit und breit keine Wolke zu sehen. Zudem ist es, obwohl noch sehr früh am Tag, schon recht warm. Als ich aus Tirano rausfahre, erwartet mich schon der Gegenwind – mein treuer Begleiter. Für die 60 km bis zum Comer See brauche ich gut vier Stunden. Die Vegetation ist hier nicht mehr sattgrün, wie in Österreich und der Schweiz gewohnt, sondern hat den typisch südlichen Touch – olivfarben!
Am See dreht dann der Wind, so daß ich zu einer meiner wunderbarsten Seeuferbefahrungen komme. Abschnittsweise fahre ich auf ganz neuem Asphalt, der einem das Gefühl gibt, als wenn man darübergleitet. Ich komme richtig ins Schwärmen bei solch idealen Bedingungen, und das Radfahren wird zum echten Genuß. Die Kilometer schwinden direkt dahin, und ich schaue teilweise ungläubig auf den Tacho, der über 30 km/h anzeigt, und das ohne die geringste körperliche Anstrengung.

Bei Menaggio biege ich zur N 340 nach Lugano ab. Es ist außergewöhnlich heiß, die Thermometer zeigen zwischen 34 und 36° an. Ausgerechnet jetzt kommt ein Anstieg über mehrere Serpentinen. Ich schwitze stark! Auf diesen vier Kilometern wird der Mittelstreifen neu gespritzt, und man hat Hütchen aufgestellt, die fast alle umgeworfen sind. Zum Teil liegen sie mitten auf der Fahrbahn, so daß die Autos über die frische Linie fahren, um ihnen auszuweichen. Fazit: Schöne Reifenspuren auf dem Strich und weißes Geschmiere auf der Straße.

Kurz vor Erreichen des höchsten Punktes kommt von unten ein dreirädriges Gefährt, auf dessen Ladefläche Männer vom Bau sitzen und die Hütchen einsammeln. Sie überholen mich und erlauben mir, mich am Türrahmen ihres Autos festzuhalten. So geht es den letzten halben Kilometer bei der unbändigen Hitze von alleine aufwärts. Dann lasse ich los, weil die Steigung aufhört, aber auch weil mir das Motorgeräusch meines »Lifts« verrät, daß es mich nicht mehr länger ertragen will. Bald passiere ich die Grenze Italien-Schweiz und habe bis zum sieben Kilometer entfernten Lugano auf der Gegenfahrbahn eine ausschließlich stehende Blechlawine als Begleitung. Meine Beine fühlen sich noch sehr wohl an, also lasse ich es weiterlaufen über Ponte Tresa zum nächsten Zollübergang nach Italien, nach Luino, am Lago Maggiore entlang zum dritten Grenzübertritt, und ich befinde mich um 20.45 Uhr in Ascona (Jazzfestival auf der Piazza bis 21.30 Uhr).

Meine Eltern sind sichtlich überrascht, mich heute schon begrüßen zu können (ursprünglich wollte ich erst am 8. oder 9. Juli eintreffen). Doch die falsche Schlechtwettervorhersage, die mich zur rasanten Fahrt antrieb, und die gute körperliche Verfassung, die es mir erlaubte, diese lange Distanz (meine bisher längste Etappe!) zu schaffen, ermöglichten die verfrühte Zusammenkunft.

Das Matterhorn von Süden muß man einfach gesehen haben.

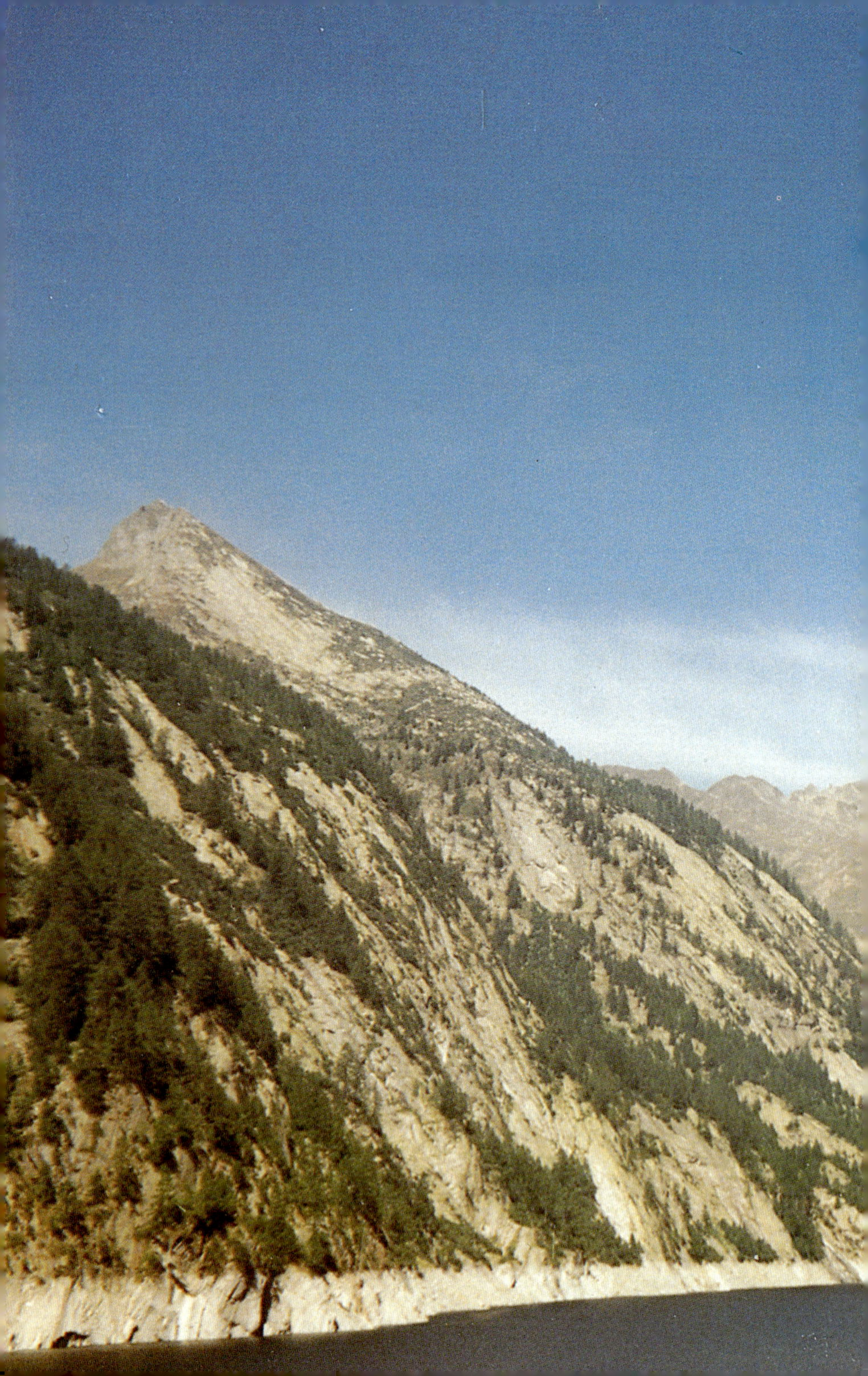

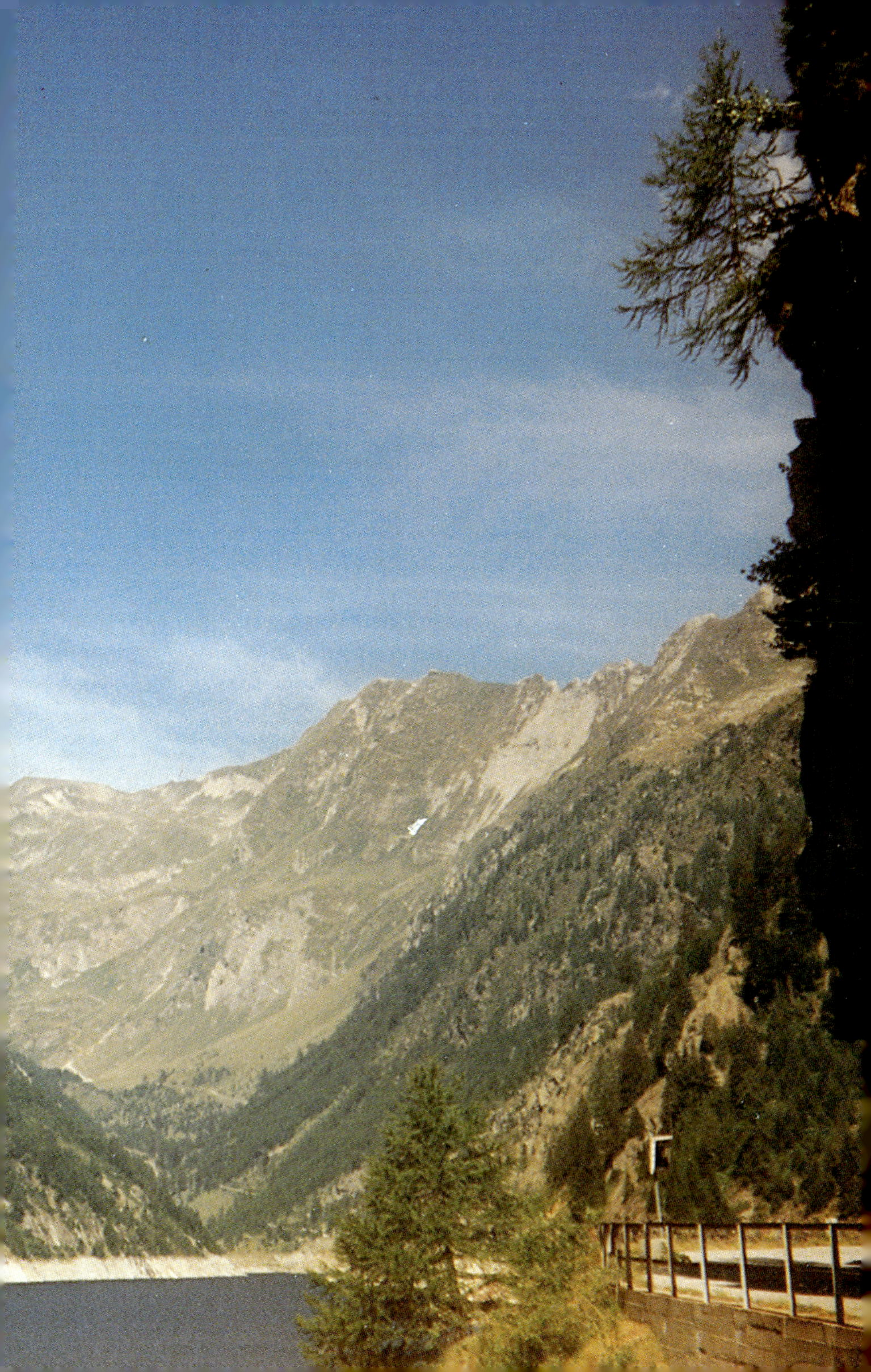

Wie hier am Col du Galibier (2640 m) sind Ausbesserungsarbeiten an den stark strapazierten Straßen dringend notwendig.

Schneerestmauern am Timmelsjoch steigern die Radfahrerfreude – denn auf der Straße herrschen fast sommerliche Verhältnisse.

Angesichts der Drei Zinnen fühlt man sich winzig.

Ein wahrhaft starkes »opening« bilden diese Felsvorsprünge über der Straße auf dem Weg zum Nivoletpaß.

In der Verdonschlucht kann man viele solcher Ausblicke genießen.

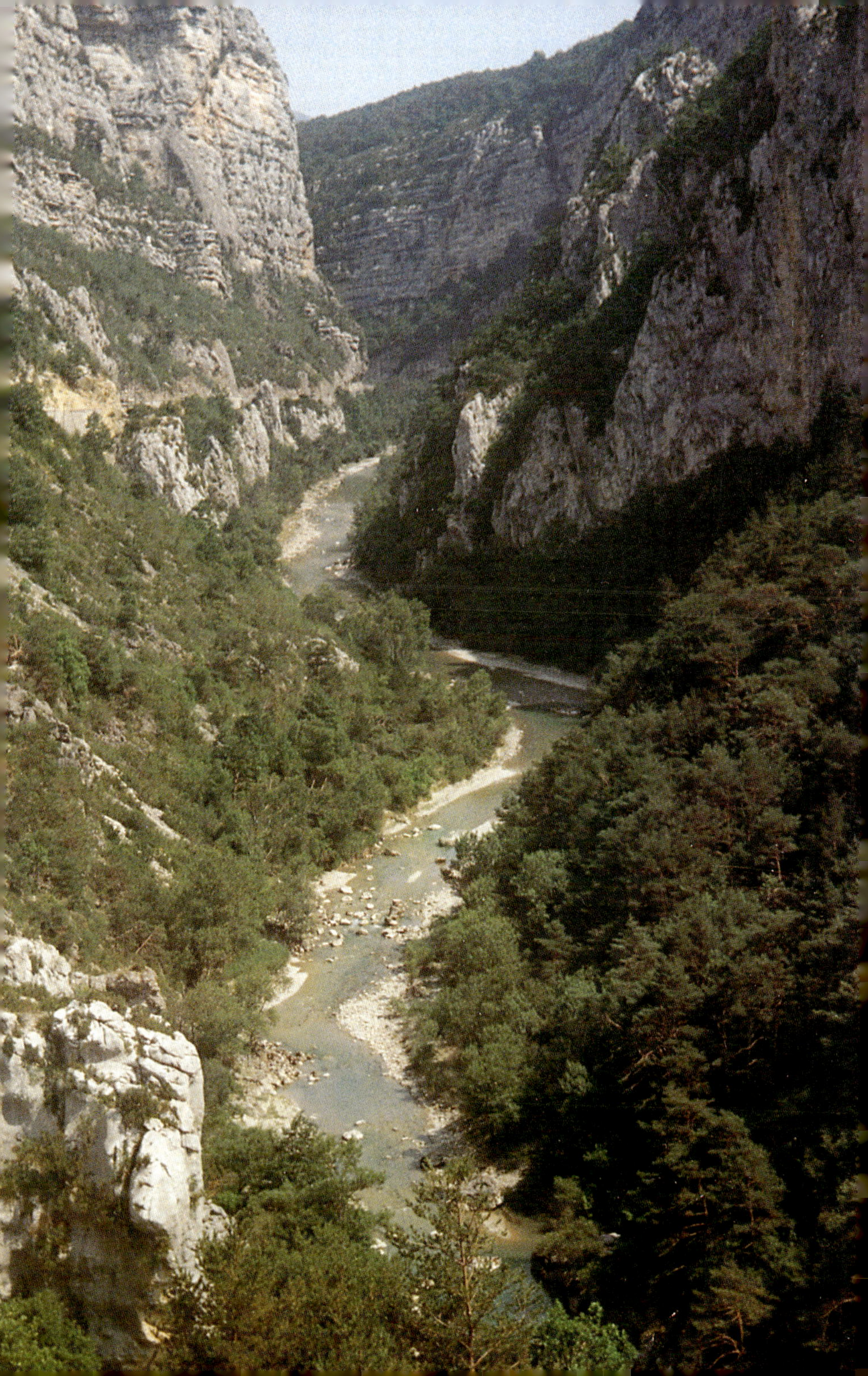

Täglich Sonnenschein, eine verschneite Bergwelt und tiefblauer Himmel ließen die Wintertour zu einem gelungenen Erlebnis werden.

Tiefenbachferner (2829)

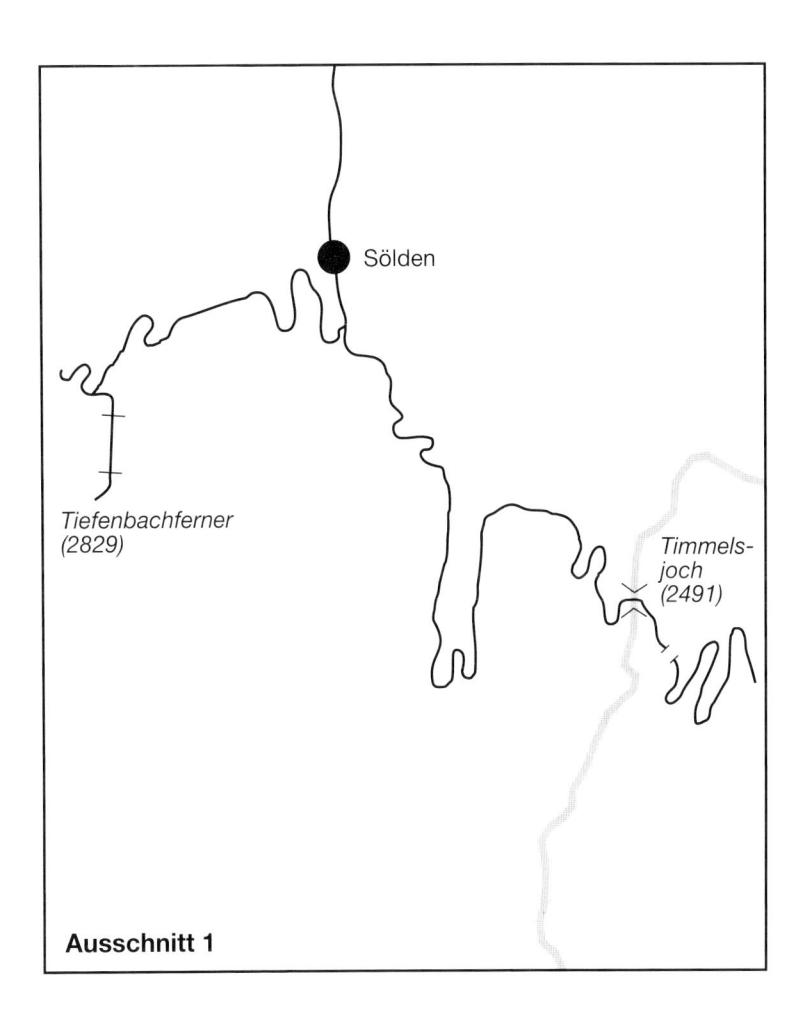

Timmels-joch (2491)

Sölden

Ausschnitt 1

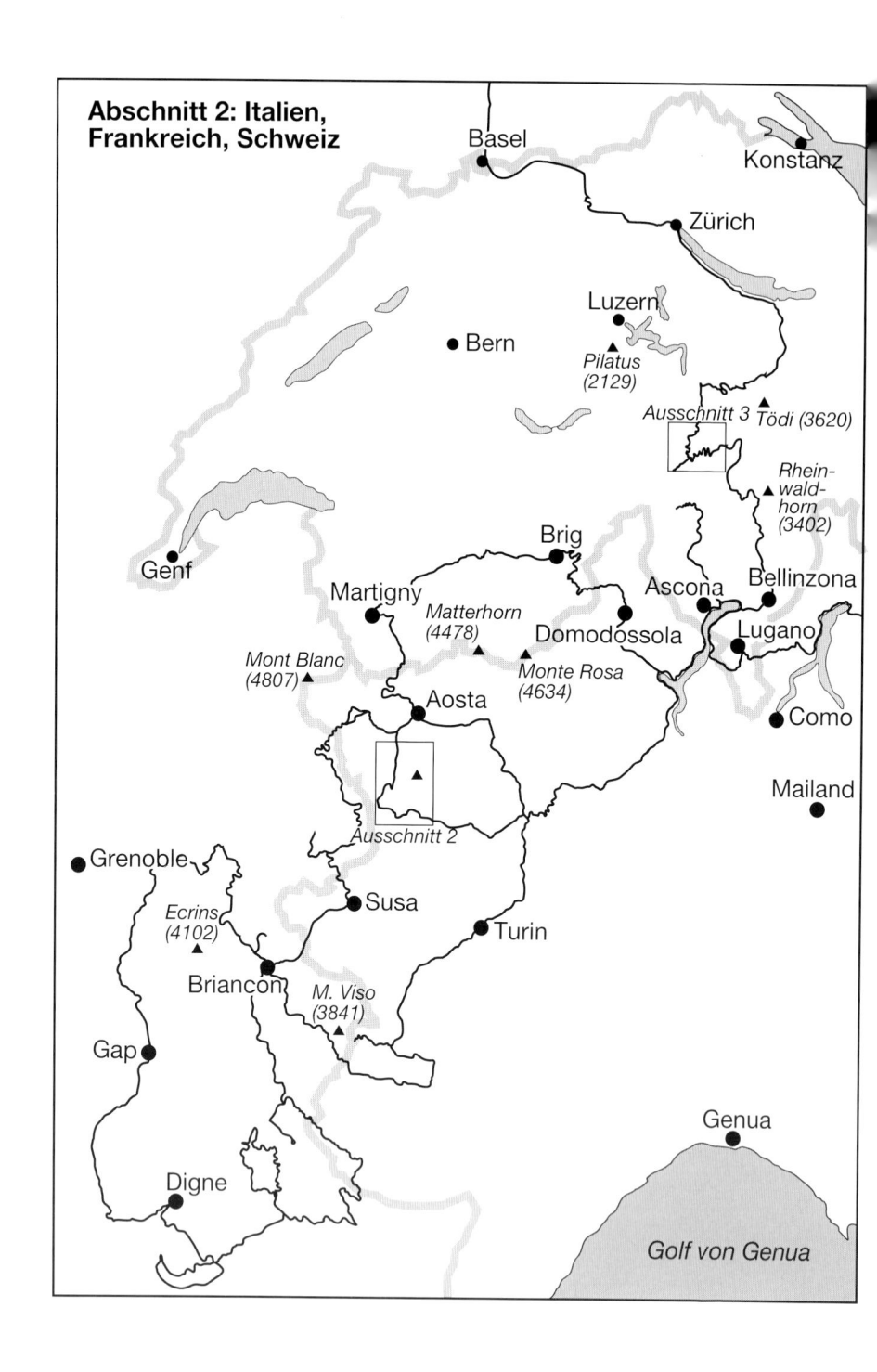

Abschnitt 2: Italien, Frankreich, Schweiz

Höhepunkte oder: Die Schönheit der Alpenpässe

Auf dem Weg zum schönsten Paß

1. Etappe: Ascona – Ivrea – Ceresole Reale – Aosta; 300,1 km – 2970 Hm – 3 Tage
Nach zwei Tagen Aufenthalt bei meiner Verwandtschaft heißt es wieder in die Pedale treten. Beim heutigen Frühstück esse ich, als ob ich die nächsten zwei Tage nichts mehr bekäme. Um 10.30 Uhr geht's dann endlich los: Start zum zweiten, etwas längeren Abschnitt der Tour. Ich fahre die ersten Stunden am Lago Maggiore entlang. Unterwegs muß ich italienisches Standardgehupe von den Geräuschen deutscher »Fußballfreudentröten« unterscheiden. Man fühlt sich fast wie daheim, soviele D-Schilder stechen einem ins Auge, alles Heimkehrer aus Rom. An der schweizerisch-italienischen Grenze grüßt der Zollbeamte mit einem fröhlichen »Forza Germania« und läßt großzügig passieren. Ob es nun echte Mitfreude an dem deutschen Sieg ist oder der Gedanke der Genugtuung überwiegt, da wir »ihren« Bezwinger mit dem Italien wohlbekannten, aber nicht sehr beliebten Maradona besiegt haben? Ich tippe eher auf letzteres, was mir dann noch in zahlreichen Gesprächen unterwegs bestätigt wird.

Da es sehr schwülheiß ist, überrede ich mich in Arona zu einem 4000-L-Eis und einer Cola. Über Borgomanero und Gattinara läuft es prima. Allmählich verspüre ich aber Müdigkeitserscheinungen, da diesmal wieder der »Tag 1« nach der kurzen Pause ist, und ich schaue mich nach einer billigen Pension um. Doch auf den folgenden 30 km bis nach Biella ergibt sich nichts. In Biella selbst wird angeboten, aber ab 80 000 L aufwärts – es gibt hier nur Drei- und Vier-Sterne- Hotels. Nach zahlreichen, sehr ausgiebigen Gesprächen mit Zeitungsverkäufern, Tankstellenpächtern, Taxifahrern, Busfahrern, Polizisten und einfachen Bürgern, die mich von einem teuren Hotel ins andere schicken, entschließe ich mich, weiter in Richtung Ivrea zu fahren. Es liegt am Ausgang des Aostatals, also hoffe ich, daß ich dort die gewünschte Unterkunft finde. Eine sehr kurvige, schwach ansteigende Straße führt mich über mehrere bewaldete Hügel, von denen man schöne Ausblicke auf die in leichtem Dunst liegende Ebene und die jeweiligen Orte hat. Bei diesen letzten 30 km ergeht es mir so wie an einigen anderen Tagen. Nach über 100 gefahrenen Kilometern kommt von irgenwo nochmals so ein Energieschub, den man sich gar nicht zugetraut hat. Keine Schmerzen, keine Müdigkeit – es läuft wie geschmiert. Als Belohnung zum Abschluß des Tages führt die Straße recht breit über sechs oder sieben lange Kehren und mit sanften Kurven hinab nach Ivrea. Das Gefälle ist wieder gerade so steil, daß man nicht bremsen muß. Das Rad wird nicht schneller als 55 km/h – meine Lieblingsabfahrten!

In Ivrea – Pension 25000 L, aber ohne Frühstück. Morgen geht's in Richtung Col del Nivolet, dem einzigen Paß, an dem ich mein Rad streckenweise werde tragen müssen, denn zum Aostatal hin existiert keine Straße. Hauptsache, ich sehe den Gran Paradiso.

10 Uhr Aufbruch. Es ist schon früh sehr schwül, und der Dunst liegt in der Ebene. Die ersten Kilometer über die Orte Castellamonte und Cuorgnè sind äußerst schweißtreibend. Dann merkt man den Temperaturunterschied, als es auf Locana zugeht. Doch ist es immer noch warm genug, also esse ich hier ein Eis und besorge mir erste Gran Paradiso- und Nivolet-Postkarten. Danach wieder weiterfahren, die

Ausschnitt 2

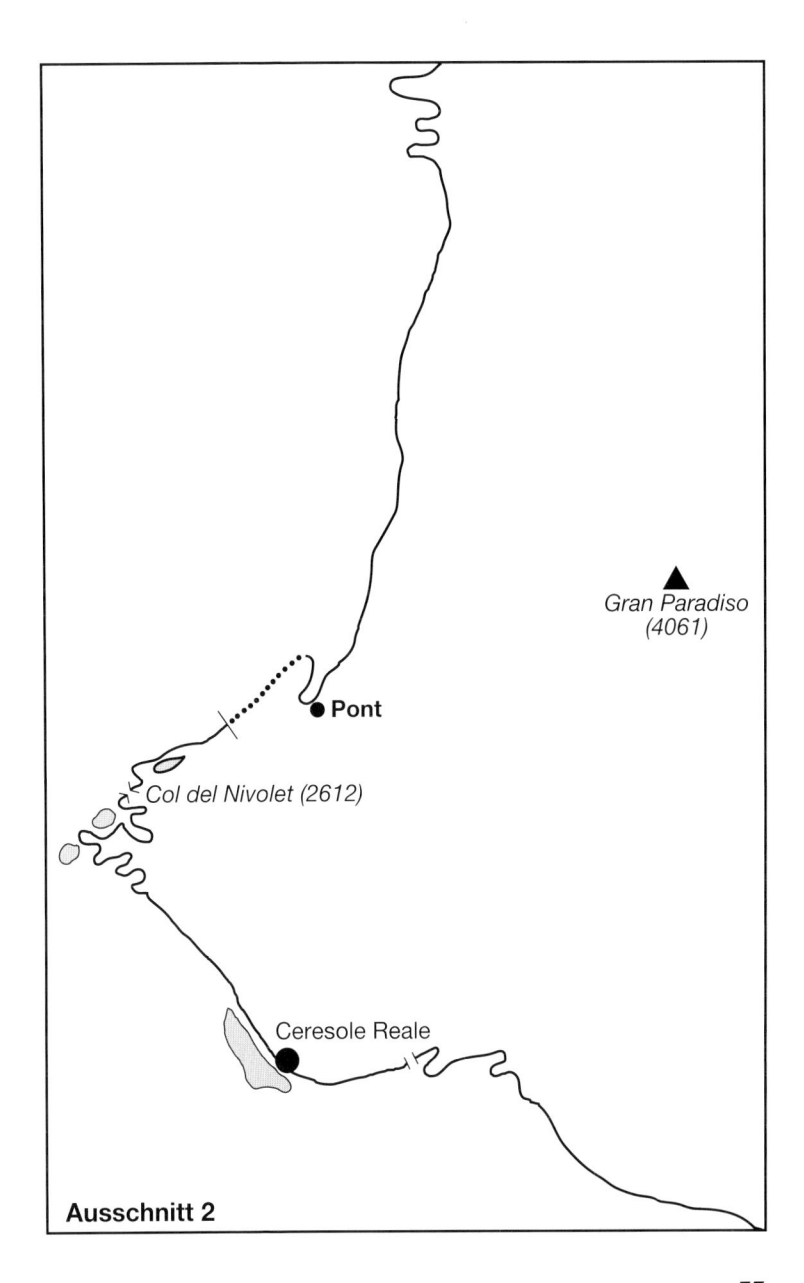

Gran Paradiso (4061)

Pont

Col del Nivolet (2612)

Ceresole Reale

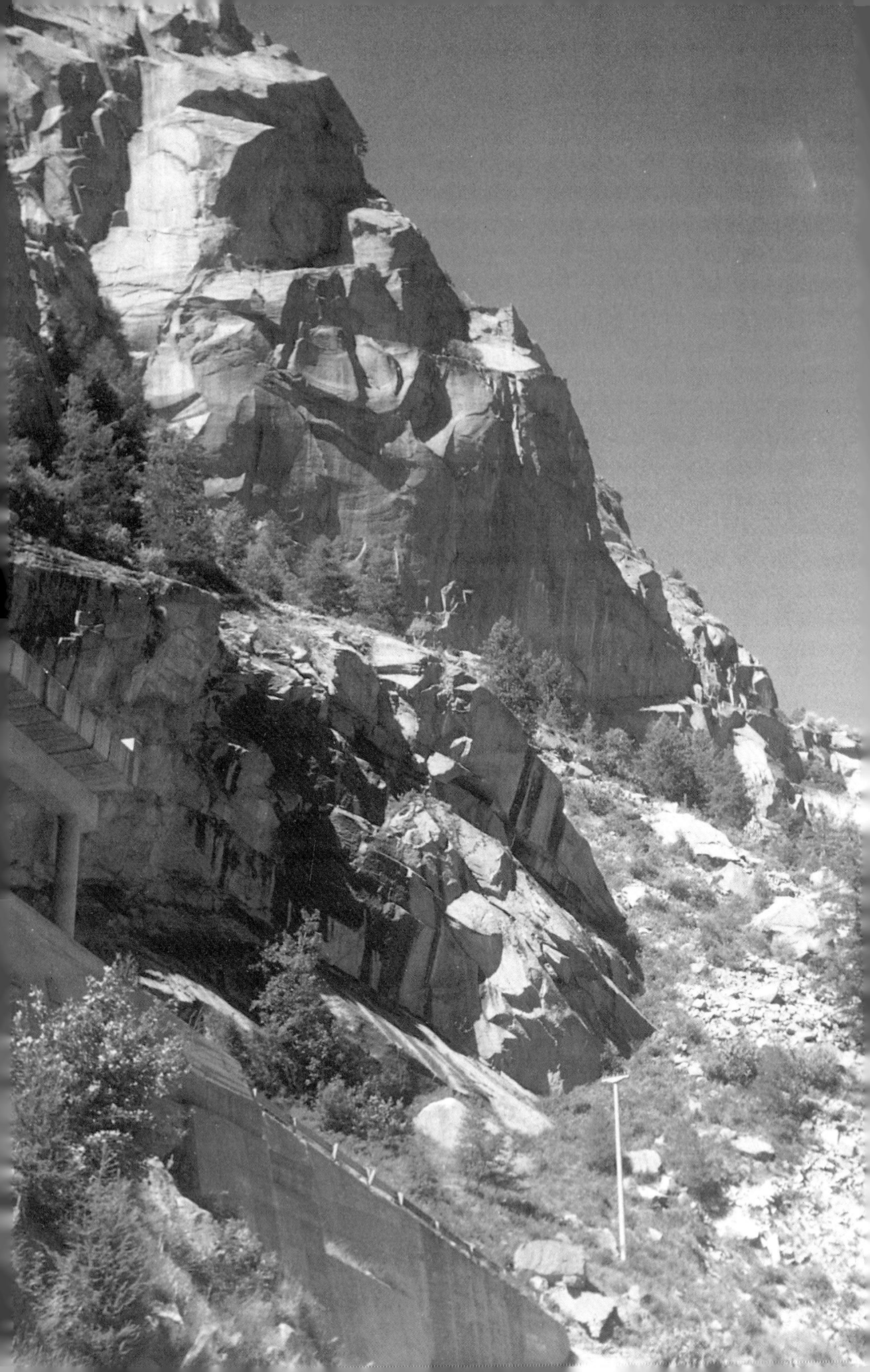

Straße wird ein wenig anspruchsvoller, was die Steigungen angeht, es ist aber noch gut zu schaffen. Mit zunehmender Nähe zum Tal verringert sich der Dunst, es klart richtig auf, und temperaturmäßig ist es sehr angenehm. In Noasca erste Einblicke auf Schneeberge. Meine Karte gibt mir nun eine 18%ige Steigung an, was mir auch von einem Barmann bestätigt wird, bei dem ich das zweite Eis verdrücke. Zuerst über vier Kehren, durch Geröllfelder, weitere Kehren, wirklich sehr steil, zudem ein starker Gegenwind, der jegliche anderen Geräusche verschluckt – sogar vorbeifahrende LKWs (Baustelle) verstummen bei dieser Urgewalt. In Ceresole Reale wieder das alte Lied – Zimmer suchen. Die ersten Versuche: über 60000 L oder ausgebucht. Schlauer Spruch hinterher: es gibt keine anderen Alternativen, entweder hier oder nirgends.

Ich kenne solche Taktiken, bei denen es nur darum geht, selbst zu verdienen und nicht so offen zu sein, einem Radfahrer einen Tip zu geben, daß er irgendwo billiger wegkommt – Hauptsache geizig! Bei der weiteren Suche stoße ich auf das Restaurant »ai Cacciatori«. Hier hat es noch ein Zimmer – das letzte – für 15000 L ohne Früstück und ohne Licht! Dafür riecht es aber sehr abenteuerlich, und die Wände sind feucht. Ich esse meine Vorräte auf und verweile draußen bei heißem Kamillentee und einem Rest Sonnenschein von einem nahezu türkisblauen Himmel. Die Sache mit dem Licht wird dann behoben. Man erklärt mir, daß ich mich in einem etwas älteren Haus befände und deshalb die Sicherung des öfteren rausfliege. Wenn jemand im Waschraum Licht mache, gleichzeitig unten in der Küche ein elektrisches Gerät laufen und mein Licht brennen würde, passiere es eben. Man macht mich auf umfunk-

Für begeisterte Radler sind sehr steile Passagen, wie hier am Col de Nivolet, eine gesuchte Herausforderung.

tionierte Klingelknöpfe am Ende des Flurs aufmerksam, die diesen Defekt durch mehrmaliges Drücken beheben. Ich muß oft rennen und drücken... Später ist mein »elektrischer Berater« bei mir im Zimmer. Interesse fürs Rad...
9.15 Uhr starte ich zur Abfahrt auf den Col del Nivolet. Es ist ein sehr schöner Tag. Wolkenlos und kein Dunst in dieser Höhe. Über die ersten kleinen Dörfer geht es noch verhalten, z.T. leicht fallend an einem – zu diesem Zeitpunkt ausgetrockneten – Stausee vorbei. Bald darauf ist der letzte Weiler passiert, und man kann sich voll der Paßfahrt zuwenden. Es beginnt mit dem speziellen Rüttelbelag, made in Italy! Doch das ist schnell in den Hintergrund gedrängt, weil die Straße sehr interessant und ausgesprochen »wild« den auf mich zukommenden, hochgelegenen Talschluß erklimmt. Wunderbar, um Felsrücken herum erreiche ich eine Anhöhe, von der ich glaube, daß es schon der Paß ist. Ein Blick auf die Uhr macht mich mißtrauisch, denn dann hätte ich die 1000 Höhenmeter in ca. 1 Stunde 15 Minuten bewältigt – unmöglich. Ich frage in der kleinen Bar und erfahre, daß es noch etwa fünf Kilometer sind, ich befinde mich bei der Madonna delle Neve auf 2250 m. Damit habe ich eine Vorstellung, wie lange es bis zur Paßhöhe noch dauern wird. Am Lago Serru verdrücke ich eine Tafel Schokolade und radle weiter. Ein Blick nach oben läßt nicht einmal erahnen, wo es hingeht. Keine Straße zu sehen, nur Berge und Geröllfelder. Nach der nächsten Kurve sieht man sich plötzlich dem Lago Agnel gegenüber, zu dessen Ufer man runtergeführt wird. Darauf folgt eine sehr schöne Kehrenanlage, und ich denke immer wieder: »Mal gespannt, was als nächstes kommt.« Man kann immer nur kleine Facetten der Straße, d.h. die nächsten 50–100 m

Trotz des schlechten Straßenzustandes ein Blick zurück ohne Zorn kurz vor der »Madonna delle Neve«.

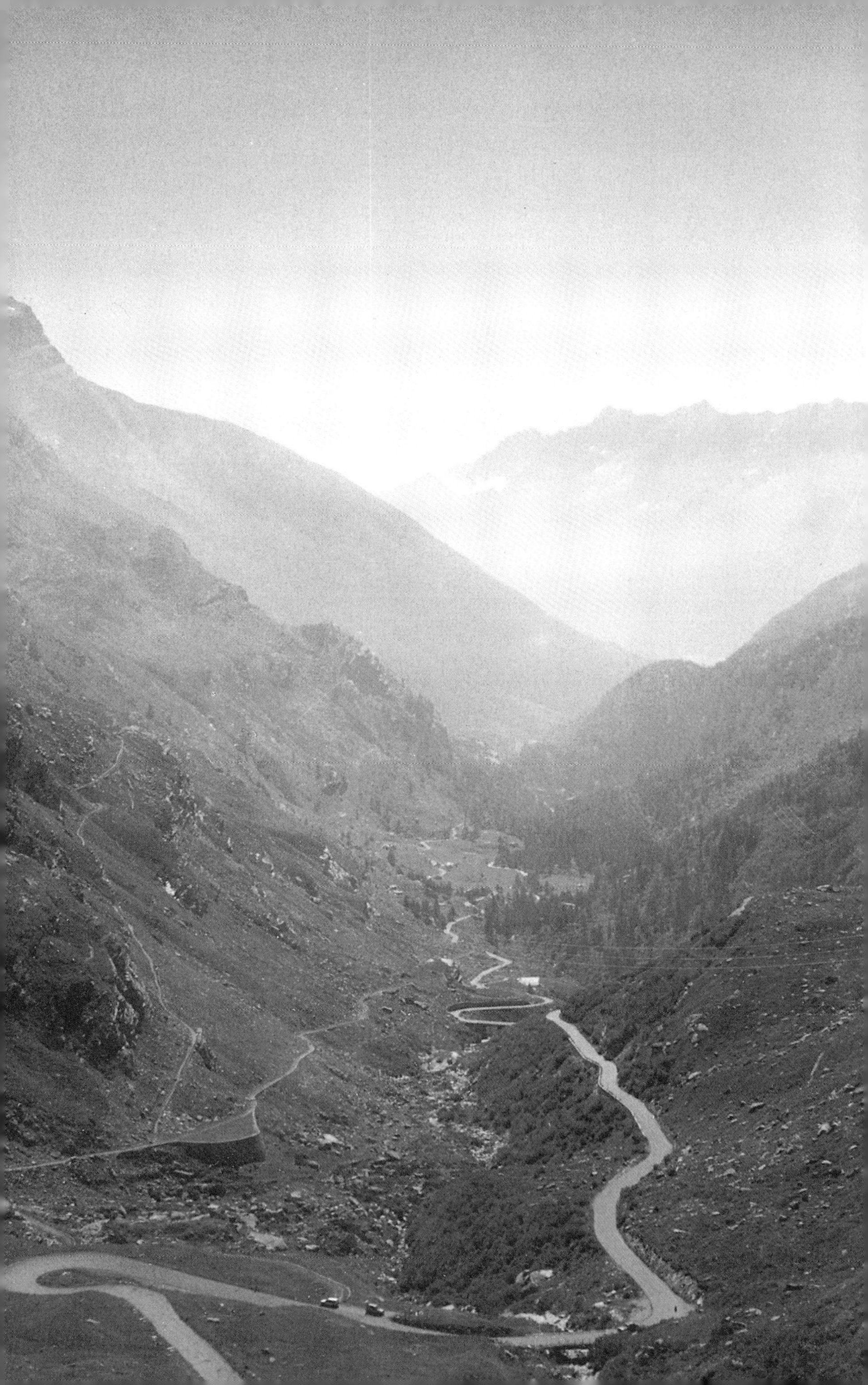

erkennen. Hier ist der Ausdruck Panoramastraße vollkommen berechtigt, denn mit jeder Windung heben sich die im Süden genau gegenüberliegenden Gletscherberge vom Tal ab, und man spürt mit jedem Pedaltritt, in welch luftige Gegend man vordringt. Ich bleibe an manchen Stellen einfach stehen und genieße den Ausblick, so beeindruckt bin ich. Mit dem Fotografieren halte ich mich noch zurück, da ich darauf hoffe, weiter oben einen uneingeschränkten Totalblick zu haben. Nach weiteren, überraschend auftretenden Kehren erreiche ich einen beschilderten Panoramapunkt. Ich lehne mein Rad gegen die Felsenwand und genieße einen gigantischen Ausblick auf eisgepanzerte Berge in gleißendem Sonnenlicht, darunter die beiden Seen Serru und Agnel – ein herrliches Gegenstück zu dem über allem thronenden tiefblauen Himmel. Ich bin einfach überwältigt. Nach einer Viertelstunde erst kommt der Fotoapparat zum Einsatz. Dann trenne ich mich schweren Herzens von dieser Stelle und fahre weiter um die Ecke, wo sich gleich die Paßhöhe befindet. Kurz davor begegne ich einem Steinbock, der mitten auf der Straße steht. Jede meiner Bewegungen registriert er und will aus Menschenfurcht fliehen. Ich bleibe wie angewurzelt stehen, was ihn wohl auch zum Anhalten bewegt. Hinter einem Felsen sehe ich seine zwei so schön gebogenen Hörner. Währenddessen hole ich die Kamera hervor, und das Tier tut mir den Gefallen und läuft über die Straße. Als ich nach dem Abdrücken weiterfahre, entwischt er mit großartigen, jedoch grazil federnden Sprüngen in das über mir liegende Felsmassiv. Noch ein paar Minuten lang denke ich immer wieder an diese Begegnung. Dabei kommt mir in den Sinn, daß in Teilen der französischen Alpen noch Bären leben sollen, was ich aber schnell zu verdrängen versuche.

Kurz vorm Runterrollen auf der anderen Seite mache ich Bekanntschaft mit zwei älteren italienischen Ehepaaren, die zusammen hierher gefahren sind. Sie unterhalten sich sehr liebenswürdig mit mir und sind von meiner Radreise angetan. Anschließend höre ich in ihrem Gespräch das Wort mangiare – essen – heraus, kümmere mich aber nicht darum und fahre die kurze Asphaltabfahrt zum Lago del Nivolet hinunter. Nach einer heißen Schokolade im Restaurant und einem Aufkleber für die Sammlung starte ich in Richtung Aostatal. Der Asphaltbelag endet, und eine geschotterte Straße schließt sich unmittelbar an. Ich steige ab und schiebe, um meine Reifen und die Hinterachse nicht zu sehr zu belasten – da alles noch für die nächsten Wochen halten muß. Nach ca. 500 m rufen mir irgendwelche Leute, die abseits vom Wegesrand am Hang mitten auf der Wiese sitzen, laut zu und winken, daß ich herkommen soll. Im ersten Moment kapiere ich nichts, stelle aber mein Rad ab und laufe den Hang hoch. Dann erkenne ich sie. Es sind die beiden Ehepaare von vorhin, um eine große Holzkiste sitzend – voller Lebensmittel. Sie laden mich freundlicherweise zum Essen ein. Um es vorwegzunehmen – es wird eine Art First Class-Picknick! Angefangen mit köstlichem Weißbrot mit bester Salami (nicht wie in Bozen!), mehr als fünf Käsesorten, Fisch aus eigener Züchtung einmalig eingelegt, einem Karottensalat mit Oliven in einer Soße, wie ich ihn nie zuvor gegessen habe, und einem selbstgebackenen Kuchen. Sie meinten, daß ich auf keinen Fall beschämt sein dürfe, ich sei herzlich willkommen und solle zugreifen. Sie würden es so wollen. Als ich ihnen zum Schluß nicht satt genug aussehe, holt eine der Frauen eine große Tafel Schokolade hervor und offeriert Kernobst aus eigenem Anbau, von dem ich später zusätzlich eine Handvoll mitbekomme. Während unserer Unterhaltung über alle nur erdenklichen Themen hat sich auf der Südseite urplötzlich eine Schlechtwetterszenerie zusammengebraut, und einige Wolkenfetzen kommen bis zu uns rüber. Meine Gastgeber verstehen

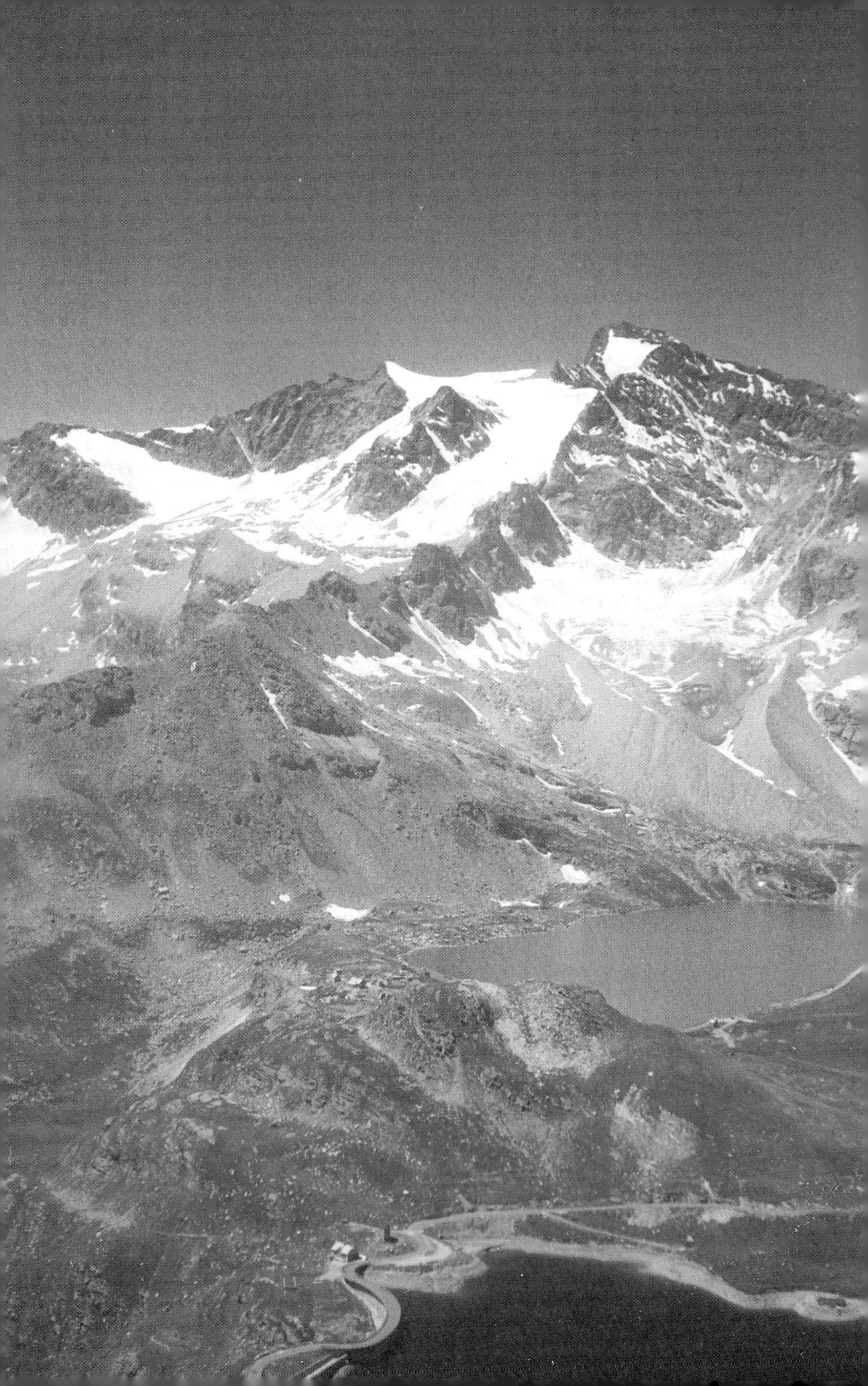

Absteigen lohnt sich, denn von der Nivoletpaßhöhe hat man einen grandiosen Ausblick…

…auf den Agnelsee (2295 m; im Vordergrund), den Serrusee (2275 m) und die Levennagruppe.

Am höchsten befahrbaren Punkt des »schönsten Alpenpasses«.

mich, als ich ihnen sage, daß ich auf einer mir unbekannten, wenn überhaupt befahrbaren Rohstraße weiter will, und finden es nicht unhöflich, daß ich augenblicklich aufbrechen möchte. Sie verabschieden mich herzlich und wünschen mir viel Glück für die weitere Tour. Die Straße führt nun am Hang entlang. Ich frage zwei Wanderer, die aus Richtung Aostatal kommen, ob die Straße eventuell bis nach Pont führe – wo der Asphaltbelag weitergeht. Sie sagen mir, daß dieser Weg später plötzlich aufhöre und sich unmotiviert im Gelände, auf einer Geröllhalde zerfahre. Sie raten mir zu dem Wanderweg, der ca. 50 Höhenmeter unterhalb verläuft und bis nach Pont reicht. Eine grasbewachsene Abzweigung leitet mich genau zu diesem Pfad, der ab und zu durch einen niedrigen Bach führt. So komme ich zu mehreren kleinen Überquerungen. Viele mir entgegenkommende Wanderer finden meine Unternehmung entweder wagemutig, überspitzt, toll oder unmöglich, machen mir aber Mut, da es »dahinten« sehr kompliziert werden wird. Zunehmend liegen immer größere Felsbrocken vor mir, bis ich mich mitten in einer verwinkelten Felsenlandschaft befinde. Das Vorwärtskommen wird zusehends zu einem Kraftakt, da fast unüberwindliche Hindernisse im Weg sind. Das Rad muß ständig in eine neue Position gebracht werden, was in solch einem Gelände nicht ganz einfach ist. So muß ich es über ein Inferno von strandballgroßen Steinen tragen, über einen schrägen Felsenrücken schieben oder eine niedrige Felswand hinunterlassen. Ich gelange an einen Punkt, Croce di Roley genannt, über 2300 m hoch und mit einer großartigen Aussicht auf den Gran Paradiso. Beim Blick ins Tal ist mir jedoch sehr mulmig zumute. Das Gelände bricht nahezu senkrecht ab und fällt ca. 400 m nach Pont hinab. Oh nein, hier soll ich runter?

Vom Hochtal »Dora del Nivolet« (2500 m) ab beginnt die Traversierung ins Aostatal...

Im Geröllfeld verlieren die Pedale an Bedeutung, hier ist Tragen angesagt.

Talblick nach Pont (1900 m): Das Gelände fällt hinter der Felskuppe etwa 400 m nahezu senkrecht ab…

Auch solche Felsen können den Weg ins Aostatal nur erschweren, nicht verhindern.

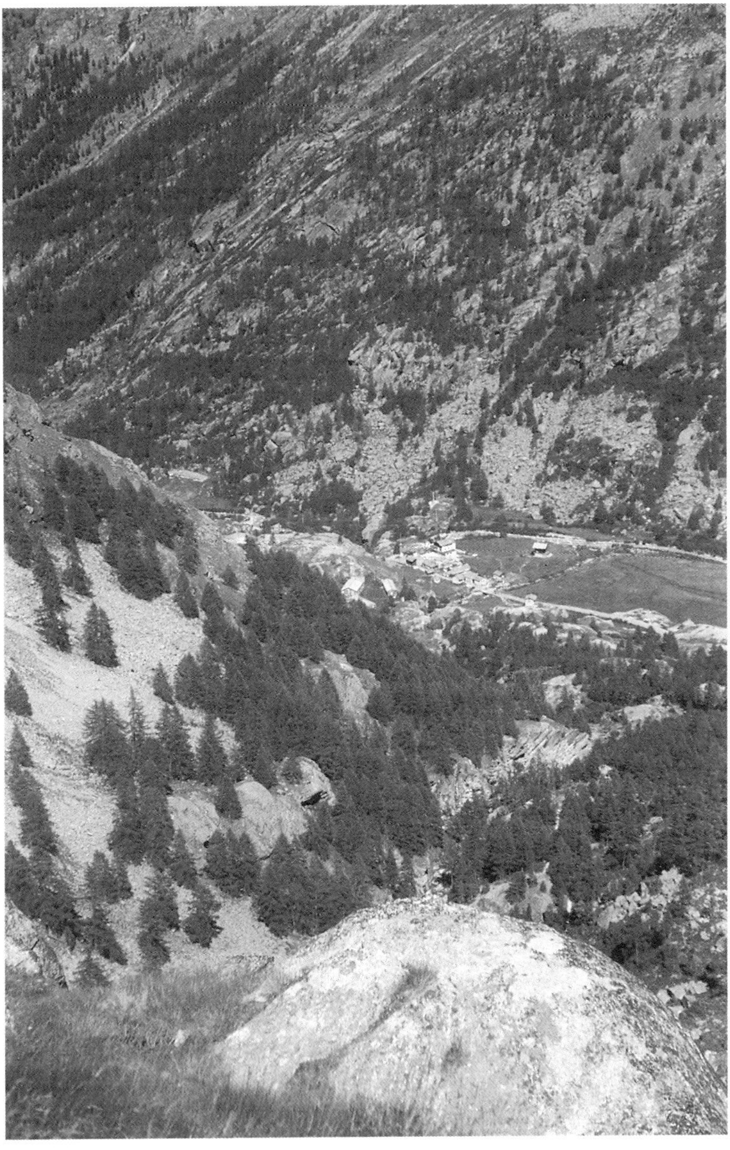

Der ziemlich steile, knappe Fußpfad ist nicht gerade vertrauensstärkend. Zurück will ich auf keinen Fall, also beginnt ein Balanceakt mit dem Fahrrad. Es ist vollkommen unmöglich, das Rad nebenherzuschieben, ich muß es schultern. Was an sich schon schwer genug wäre (es wiegt 17 kg), wird durch das Gepäck noch »vollendet«. Selbst die dreifach zusammengelegte Jogginghose auf der Schulter kann den Druck nur leicht verringern, denn hier plagen mich zudem Sonnenbrand und offene Blase. Es schmerzt sehr! Unterwegs wieder ein paar Wanderer, einige bemitleiden einen, die anderen amüsieren sich köstlich, so ruft z. B. einer »Forza« – den Anfeuerungsruf für italienische Radrennfahrer – ironischerweise in solch einem Gelände... Als mich dann ein Ehepaar mit Tochter aus dem Aostatal anspricht und mir anbietet, mein Gepäck zu tragen, bin ich außer mir vor Freude. Sie sagen mir, daß der Weg direkt bei einem Campingplatz rauskomme, wo sie auf mich warten würden – und schon entschwinden sie mit meiner Satteltasche. Das Rad spüre ich jetzt fast nicht mehr und der weitere »Talritt« ist nach einigem Verschnaufen und Entspannen der Schulterpartien geschafft. Unten blicke ich entgeistert zu dieser Wand hoch, und Campingtouristen schauen auch mich so an. Wie verabredet, erhalte ich meine Tasche und bin froh, wieder einen Sattel unter mir zu spüren. Der Zustand des Asphaltbelages der Straße wäre mir in diesem Moment egal gewesen – Hauptsache es rollt... Praktisch als Entschädigung erwartet mich eine exzellent ausgebaute Straße, die mich aufleben läßt. Bald darauf erreiche ich das Aostatal und fahre noch nach Aosta. Hier vermittelt das ufficio turistico eine Ein-Sterne-Pension (Hotel Juventus) – ein Zimmer besonderer Qualität für 25000 L: mit Direktblick ins Treppenhaus und zu kleinem Bett. Heute war sicherlich mein härtester Tag, und glücklicherweise habe ich ihn erfolgreich bestanden.

Matterhorn, Po-Quelle, Frankreich

2. Etappe: Aosta – Châtillon – Pinerolo – Paesana – Chianale – Briançon; 464,3 km – 7000 Hm – 5 Tage
Auf der Fahrt nach Châtillon kämpfe ich gegen starken Gegenwind. Hier finde ich für 20000 L ein Zimmer. Ich nehme das Gepäck vom Rad, und los geht's nach Breuil von Süden ans Matterhorn (12.30 – 15.30 Uhr). Ich habe vorher gelesen, es sei von dieser Seite wenig attraktiv, da es die charakteristische Pyramidenform nicht aufweise. Mir hat das aber nichts ausgemacht. Mal die andere Seite in Natura sehen und sich ein eigenes Urteil bilden und überrascht sein, daß der Berg auch von Süden interessant zum Anschauen ist. Ich finde es einfach aufregend, zu wissen, daß über dem Berg drüben Zermatt liegt und daß man quasi hinter den Kulissen die ganze Szenerie beobachten kann. Man rekonstruiert sich die vollständige Matterhornaussicht oben im Kopf und erkennt einige Felsvorsprünge, die man von Zermatt gut kennt, und es macht Spaß, sie in einer Art Puzzle zusammenzusetzen. Nachdem ich mich sattgesehen habe, halte ich mich noch etwas in Breuil auf – zu dieser Zeit eine riesige Baustelle –, um nach schönen Postkarten zu suchen. Es gibt ja ortsansässige Spezialisten, die die heimische Bergwelt in ihrer ganzen Faszination und in allen Spielarten ihrer Schönheit fotografisch darzustellen vermögen (mit Mond und Sonnenuntergang).
Um 18 Uhr beginnt dann die Rückfahrt nach Châtillon; teilweise sehr steil (15%), aber auf diese Passagen folgt meist ein weniger steiles Stück, breit ausgebaut, mit sanften Kurven, so daß man es sehr gut auslaufen lassen kann. Bei fast 70 km/h fühlt man sich wie ein Motorradfahrer, und man schwelgt in den leichten Kurven, daß es eine wahre Freude ist.

Am heutigen Tag will ich wieder etwas Kilometer »runterspulen«, weil die Etappe über Turin nach Pinerolo recht eintönig und langweilig zu werden verspricht, da sie in der Ebene verläuft. Schnell ist Ivrea erreicht, welches vor drei Tagen noch der Ausgangsort zum Nivoletpaß gewesen war. Bei sehnsüchtigen Blicken nach rechts kommen mir schöne, wenn auch teilweise sehr aufregende Momente in den Sinn. Bis Caluso fährt es sich gut, dann aber kommt ein Stück Straße, das mir gar nicht liegt: elf Kilometer wie mit einem Lineal gezogen, geht es direkt nach Chirasso. Ich sage mir da nur – schnell weg mit dem Übel – Kopf nach unten, Blick auf die Straße und reintreten. Die Strecke wird so regelrecht aufgefressen, und man passiert die Monotonie im Eiltempo. Die weiteren 20 km nach Turin radeln sich im selben Stil auf einer sogenannten »Superstrada« dahin.
Ein Tip zum Zeitvertreib bei langweiligen Etappen. Wenn der Kilometerstand des Tachos über 2000 km hinausgeht, kann man bei diversen Ständen Höhenangaben von verschiedenen Alpenstraßen wiedererkennen. So ist man im Gedanken an anderen Orten. Desgleichen hilft mir dieses Zahlenspiel, wenn ich mich einer langen Steigung ausgesetzt sehe. Damit ich mich etwas aufmuntern kann, rede ich mir in den numerierten Kehren mit Höhenangabe ein, welche Straße ich an Höhe schon übertroffen habe (Großglockner, Timmelsjoch, Stilfserjoch). Es wirkt!
Nach diesem einschläfernden Teilstück wird man in Turin wachgerüttelt. Wem das Leben zu wenig »action« bringt, der gehe ruhig mal nach Turin. Das ist ein brodelnder Vulkan. Man macht sich keine Vorstellung, welch ein Leben in italienischen Großstädten herrscht und mit welchem Enthusiasmus hier Auto gefahren wird! Ich will nur beschreiben, was und wie es vor sich geht, bis die Ampel von Rot ohne Gelbpause direkt auf Grün umspringt. Die Autos, die an einer Ampel stehen, fahren schon in der Rotphase los,

obwohl es erst zehn Sekunden später grün wird. Das Ganze gibt so eine Art fliegenden Start à la Formel 1. Jeder will als erster wegkommen, um das »Rennen« zu gewinnen. Interessant ist jetzt, daß die Autos von der Seite mit der Grünphase den Wechsel zur Rotphase sehr lange auskosten. Auf Kreuzungen, die fast so groß wie ein Fußballfeld sind, ist das dann ein »buntes Treiben« und mittendrin ein bepackter Radfahrer...
Ich bin ca. zwei Stunden mit der Stadt beschäftigt, da ich den gewünschten Idealweg zur Weiterleitung nach Pinerolo nicht finden kann, mich hoffnungslos verheddere und zigmal Ortsansässige nach dem Weg fragen muß (ein paar Mal beim Eisessen in Bars!). Unterwegs (beim Suchen) plötzlich akzentfreies Deutsch: »Guten Tag. Woher kommen Sie?« fragt man mich von einem fahrenden Turiner Auto aus. Ich sage: »Aus Speyer«, und bin schon bereit zu erklären: »Bei Mannheim und Heidelberg«, weil erfahrungsgemäß kein Italiener meine Heimatstadt kennt, doch sie sagt sofort: »Oh wunderschöne Stadt, kenne ich. Ich war nämlich ein Jahr in Deutschland, hier und da... Gute Weiterreise und auf Wiedersehen!« Endlich befinde ich mich auf der Straße nach Pinerolo, deren Langweiligkeit mir durch die Bekanntschaft mit einem 60jährigen Turnier-Radler erspart bleibt. In Pinerolo übernachte ich im Hotel Turismo (15000 L).
Bei meiner Abfahrt ist es ist schon wieder sehr schwül, wenn man bedenkt, daß es erst 9 Uhr ist. Dazu kommt eine unerklärliche Müdigkeit und Schlappheit, die sich auf mein Fahrverhalten negativ auswirkt. Wenn jetzt nichts passiert, schlafe ich noch auf dem Rad ein. Nach der nächsten Kurve kommt ein kurzes Gefälle, das ich zunächst unbeachtet runterrolle... Fast gelangweilt trete ich in die Pedale, was aber plötzlich wieder Spaß macht, so daß ich doch noch zu meinem Rhythmus finde. Nach den ersten zehn Pleite-Kilometern folgen bis Barge dann zehn flotte. Die Verbin-

dung nach Paesana bildet eine Paßstraße en miniature über einen »La Colletta« genannten Punkt (613 m). Überraschenderweise verläuft die Straße recht kurvenreich, und mit einigen ihrer Serpentinen erinnert sie kurz an eine größere Alpenstraße. In Paesana finde ich nach kurzer Nachfrage eine angenehme Pension und sitze um 11.30 Uhr auf dem gepäcklosen Rad, um in Richtung Mon Viso zu fahren. Nach vier Kilometern werde ich mit zwei Radrennfahrern bekannt, die mit mir bis zum obersten Punkt – Pian del Re (2020 m) – fahren, wo der Po entspringt (es ist durchaus nicht unanständig, wenn zwei Italiener einem Touristen den Po zeigen! HAHA!). In Crissolo machen wir kurz Rast, und sie spendieren mir einen Schokoriegel. Dann sind es noch neun Kilometer bis oben. Es ist das erste Mal, daß ich mit Rennradlern mitzuhalten versuche, es auch schaffe, dabei aber wahnsinnig schwitze, große Schmerzen in den Knien verspüre und schließlich total fertig bin. Einmal und nie wieder! Der tollen aussichtsreichen Straße kann ich deshalb nur wenig Aufmerksamkeit schenken, da ich zu sehr mit Reintreten und Mithalten beschäftigt bin. So habe ich auch nicht bemerkt, daß sich riesige Gewitterwolken am Himmel gebildet haben, die kurz darauf die Sonne verdecken – kein Mon Viso-Blick. Als sich das Ganze bedrohlich verdichtet, beschließe ich, runterzufahren.

Speziell an dieser Straße ist mir in verstärktem Maße aufgefallen, daß man es in Italien mit dem Aufstellen der richtigen Gefahrenschilder nicht so ernst nimmt.

Beispiel: 1. Vor mir steigt die Straße steil an. Normalerweise erwartet man ein Schild, das die Steigung angibt. Man hat jedoch ein Schild aufgestellt, das einem ein 10%iges Gefälle ankündigt! 2. Ebenso findet man das Schild »10%ige Stei-

Am Col d'Agnel bietet sich ein faszinierender Ausblick. Vielleicht gibt es daher hier so viele Murmeltiere?

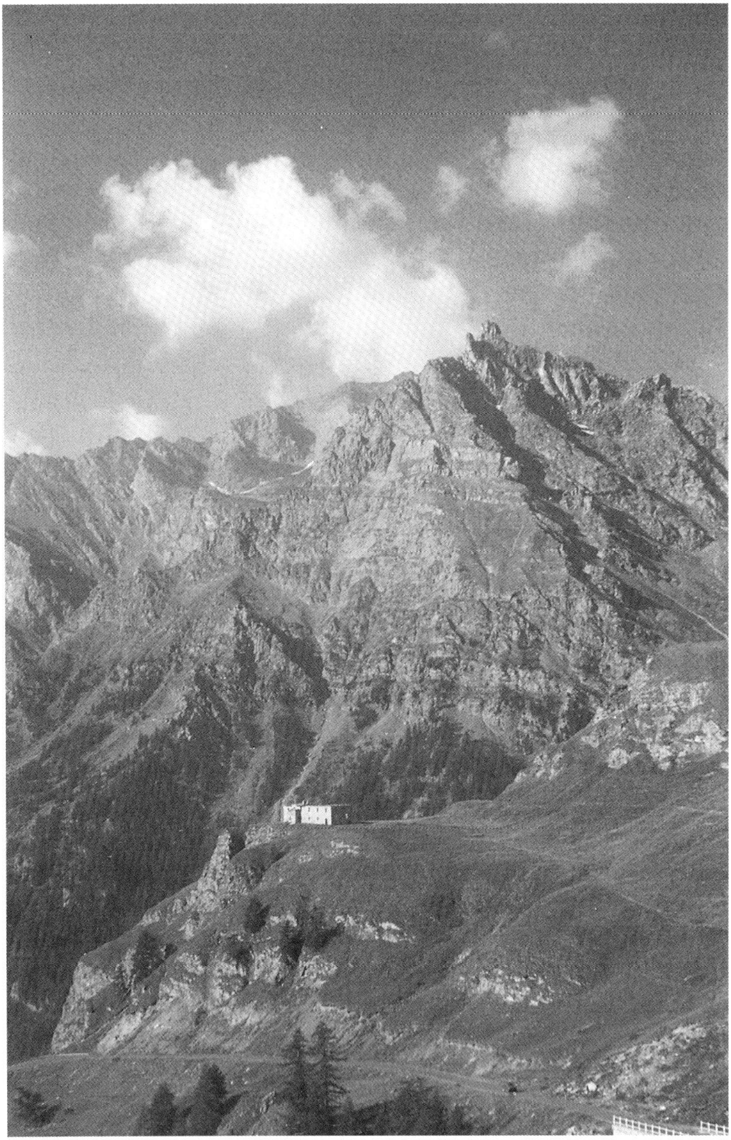

gung« vor, obwohl die Straße steil nach unten führt. Im Fall 1 habe ich das Schild in »gefällige Steigung« umbenannt, im Fall 2 »aufstrebendes Gefälle«...
Die Abfahrt ist sehr schnell. Es macht Spaß, alle Autos zu überholen (in Serpentinen). Auf gerader Strecke ca. 80 km/h! Schnellste Abfahrt! Nach 18 Uhr entlädt sich das Gewitter so heftig, daß mehrmals der Strom ausfällt, und das beim Abendessen!
Obwohl es Sonntag ist, haben glücklicherweise kleine Lebensmittelgeschäfte offen. Nach dem Einkauf suche ich mir eine schöne Stelle bei einem Tennisplatz aus, um zu frühstücken. Ich werde manchmal als Balljunge aktiv, wenn die Filzkugel über den Zaun fliegt. Um 9.45 Uhr bin ich parat, um loszufahren. Mir kommt es vor, als sei ich in der Nordschweiz. Es ist angenehm kühl (Gewitter vom Vorabend), und es geht an größeren Almen, Wiesen und Äckern vorbei. Dazu riecht es sehr ländlich, was man von Italien gar nicht gewöhnt ist. Ich habe nichts gegen solche Düfte, da der Geruch dann aber intensiver wird, mache ich etwas Tempo bis nach Saluzzo. Nach dem Ort Verzuolo weist mir ein Schild mit der Aufschrift »Val Varaita« den Weg. Von dieser Abzweigung ab treffe ich auf eine fast endlose, ausschließlich stehende Blechlawine. Was ist hier denn los? Ist oben auf dem Col d'Agnel ein Fest, bei dem es was umsonst gibt? Jedenfalls macht es recht viel Spaß, den PS-strotzenden Maschinen zu trotzen und ohne mit der Wimper zu zucken an ihnen vorbeizuziehen. Des Pudels Kern ist ein kleiner Auffahrunfall – nur Blechschaden –, der das alles verursacht hatte. Nach Brossasco radle ich wieder im normalen Trott weiter. Auf schwach steigender Straße erreiche ich bei großer Hitze Sampeyre. Hier Eispause und interes-

La Casse Déserte am Col d'Izoard – eine wilde, schroffe Fels- und Geröllandschaft.

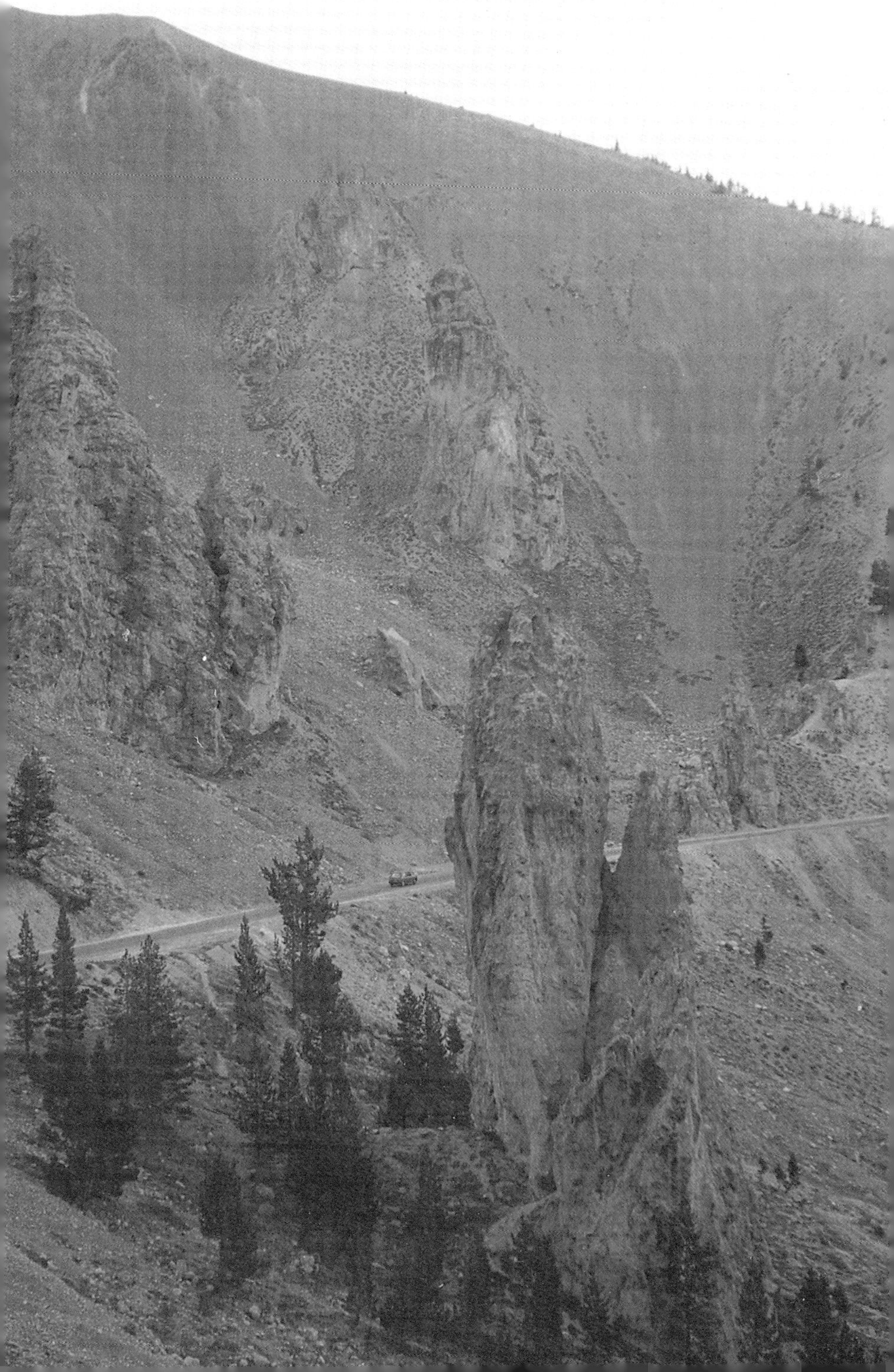

sante Aufregung um eine defekte Autoalarmanlage, die scheinbar bei jedem Windstoß anfängt zu heulen. Danach geht's steiler nach Casteldelfino und steil nach Chianale (1797 m). Hier beschließe ich nach Blick zum Himmel (dunkle Wolken), eine Übernachtungsmöglichkeit zu finden. Erster Versuch – ein Refuge, 20 Betten im Zimmer (6000 L! wahlweise mit Frühstück+5000 L). Meine liebsten Übernachtungen, da ich meine, für ein simples Bett sollte man nicht so viel zahlen müssen. Das ist dann auch bis jetzt meine billigste Übernachtung. Ich sehne das Gewitter herbei, damit es morgen dunstfrei ist und ich den Mon Viso zumindest von der anderen Seite sehen kann.
Von 8.15 Uhr an bin ich zwei Stunden unterwegs auf den Col d'Agnel – sehr schön und gar nicht so anstrengend. Viele Murmeltiere! Um 13 Uhr Abfahrt zu dem etwas tiefer gelegenen Refuge du Col d'Agnel, eine heiße Schokolade trinken. Danach weitere abwärts auf nagelneuem schwarzen, glatten Asphalt. Doch leider geht dieser über in eine extrem beschädigte und wellige Straße. Ich habe das erste Mal Angst, daß ich stürzen könnte, so werde ich durchgeschüttelt. In Château Queyras möchte ich gerne übernachten, doch es findet sich bis vor Guillestre (ca. 20 km entfernt) keine Bank mehr, bei der ich am nächsten Tag Geld holen kann, um die Übernachtung zu zahlen. Zum Glück treffe ich hier zwei Schweizer Radler, Christoph und Andreas, die mir spontan Francs leihen, damit ich mir etwas zu essen holen kann (seit dem Frühstück gab es nichts mehr!), und um mit ihnen noch über den Izoard zu fahren. (Normal hatte ich diese Tour für den morgigen Tag geplant.) Im unteren Teil sehr schwül, dann angenehmer, an der beeindruckenden Casse Déserte vorbei und im Regen die Paßhöhe erreicht. Abfahrt: »RÜTTEL!« ...

Rund ums Ecrinsmassiv
oder: Was man in zwei Tagen so alles erleben kann

3. Etappe: Briançon – Valloire – Le Bourg d'Oisans; 140,9 km – 2980 Hm – 2 Tage
Am darauffolgenden Morgen gehe ich zur Bank, um die 90 F den Schweizern retour zu geben. Danach folgen Verabschiedung und Einkauf (Baguettes und Croissants – GUT!). Nach großem Frühstück starte ich zum Col du Lautaret, der mir landschaftlich recht gut gefällt, aber von der Auffahrt her sehr monoton und eintönig ist. Sie verläuft fast ausschließlich gerade, nur ca. 8% Steigung. Unterwegs treffe ich vier amerikanische Radler beim Flicken ihres sechsten Plattens, alle an einem Reifen! Ich geselle mich zu ihnen, und so werde ich von der Langeweile der Strecke etwas abgelenkt; oben an der Paßhöhe trennen sich unsere Wege, sie fahren nach Alpe d'Huez, meine übernächste Station, da ich über den Col du Galibier bis voraussichtlich St. Jean de Maurienne weiteradeln will. Die Fahrt hierauf ist da schon wesentlich interessanter. Man hat mehrmals die Gelegenheit, von verschiedenen Punkten der Straße das sich immer deutlicher heraushebende Massiv des Ecrins zu bewundern. Dazu ist die Befahrung ideal, weil die Steigung nicht über 10% hinausgeht, ein leicht auffrischender Wind das Schwitzen in Grenzen hält und ein nur schwacher Verkehr herrscht. Gut gelaunt erreiche ich den höchsten Punkt und klettere noch zur Orientierungstafel auf 2677 m hoch. Tolles Panorama, ein paar Bilder, wieder runter zum Fahrrad und ein kleines Picknick mit Prachtblick aufs Ecrinsmassiv. Danach geht's ein paar Kehren tiefer zum Restaurant, um mal wieder einige Karten zu schreiben. Anschließend verfolge ich den Verlauf der weiteren Abfahrt auf der Karte. Mit

Nach einem Zusammenstoß mit einer Fußgängerin sind Fahrrad und Fahrer gleichermaßen »geknickt«.

Ausnahme des kurzen Anstieges zum Col de Télégraphe wird es recht schnell gehen, bis ich in St. Jean de Maurienne eintreffe. Es liegt nur auf 546 m, also werde ich dort wieder auf einem Zeltplatz schlafen, da die Temperaturen in solcher Höhe nachts gut zu ertragen sind. Bis nach Valloire sind es noch 17 km reine Abfahrt, ehe dieser kurze Anstieg beginnt. In Valloire ist viel Leben, also nehme ich die Geschwindigkeit zurück. In der Innenstadt wird es dann aber doch sehr heikel. Ich fahre auf eine Stelle zu, die zu meiner Rechten eine Hauswand aufweist. Zu meiner Linken fährt gegenüber ein Auto. Ich denke mir nicht im geringsten, daß mir hier etwas passieren könnte (wie oft fährt man durch solche Orte), als verdeckt hinter der Hauswand eine Fußgängerin, ohne zu schauen, auf die Straße tritt. Das kommt für mich so überraschend, daß ich weder links noch rechts eine Ausweichmöglichkeit habe – links fährt das Auto, rechts befindet sich die Hauswand – und auch keinen Bremsreflex mehr zeigen kann, sondern nur noch einen kurzen Aufschrei von mir gebe und die Passantin anfahre. Sie wird umgestoßen, und ich stürze vom Rad. Ich rolle glücklicherweise sehr günstig ab, während mein Gegenüber sich beim Hinfallen das rechte Knie aufschürft. Kaum stehe ich wieder auf den Beinen, muß ich mir von dem Autofahrer folgende Beurteilung gefallen lassen: »Was fällt Ihnen ein, dieses junge Mädchen umzufahren, Sie Wüstling?« Ich erkläre ihm, daß sie mir plötzlich reingelaufen sei, ohne daß ich hätte ausweichen können. Er bleibt jedoch bei seiner Anschuldigung. Mittlerweile hat sich eine große Menschenmenge gebildet (Gaffer!), die mit gierigen Augen soviel wie möglich mitzubekommen versuchen. Bei der leicht verletzten jungen Frau stehen nun drei junge Männer. Zusammen gehören sie zu einer Ferienaufsicht für Kleinkinder aus Paris, die sie betreuen. Wie sich herausstellt, wollte die Betroffene zu den Kindern über die Straße, um sie zu zügeln, da diese auf der anderen Seite sehr lebhaft waren. Sie gesteht auch ihre Schuld mir gegenüber ein und entschuldigt sich mehrmals. Ich sehe alles schon als geregelt an, als ich mein Rad aufhebe und weiterzufahren versuche. Zu meinem Schrecken muß ich feststellen, daß die Vorderfelge total verformt ist. Da fährt man die ganze Zeit peinlich genau um jeden Stein herum und trägt das Rad behutsam den Nivolet runter und dann das! So kann ich aber nicht weiterfahren. »Wer bezahlt mir den Schaden?« frage ich sie. Achselzucken ihrerseits! Nach etwa einer halben Stunde des Verhandelns und Beratens im Tourismusbüro in Anwesenheit des hektischen Autofahrers wird die Polizei zu Rate gezogen, die kurz darauf mit drei Mann anrückt. Nach Erklären der ganzen Sachlage unterbreiten sie nun ihren objektiven Standpunkt, der sich auf das Gesetz beruft und besagt, daß der Fußgänger zu seinem

Schutz immer im Recht ist, wenn es um Unfälle geht. Ich finde das in diesem Moment nicht sehr angebracht und weise darauf hin, daß nicht der Fußgänger direkt einer Bedrohung ausgesetzt war, sondern der Radfahrer, der sich einer solch unerwarteten Situation gegenübergestellt sah, vom Fußgäger regelrecht genötigt wurde und vom Rad fiel. Ich werde recht kokett und frage, wo das Gesetz zum Schutze des Radfahrers sei, der durch unachtsame Fußgänger in Gefahr gebracht würde. Der Polizist erwidert nur trocken, daß es bei den erlassenen Gesetzen keine Bedingungen und spezielle Situationen gibt, ich sei für das Geschehene verantwortlich und müsse die Reparatur selbst bezahlen. Wenn ich es darauf ankommen lassen wolle, sei das für mich ungünstig, weil ich dazu noch eine mündliche Verwarnung bekäme und noch mehr als nur die Reparatur zu zahlen habe – damit verschwinden sie. Die Betroffene hat sich währenddessen rausgehalten, da sie weiß, was sie verursacht hat. Doch die Polizei war ihr Freund und Helfer! Letztlich bleibt mir nichts anderes übrig, als mich mit den vier Jugendleitern zu arrangieren, daß sie mir helfen, mit meiner Situation klarzukommen. Sie eilen mit mir zum Radhändler, der mir mein Rad zwar nicht reparieren kann – keine passende Ersatzfelge –, mir aber den ungefähren Reparaturpreis in St. Michel de Maurienne nennen kann: 130 F(ranc). Das scheint mir sogar recht billig, und ich bin bereit, soviel zu zahlen. Ich veranlasse einen der vier, mir noch behilflich zu sein beim Herausfinden einer Busverbindung, mit der ich wegen der Reparatur nach unten fahren will. Doch der letzte Bus ist schon vor 45 Minuten abgefahren, und der nächste verkehrt erst morgen um 13.15 Uhr. Also muß hier eine billige Übernachtungsmöglichkeit gefunden werden. Nach drei Versuchen (Rat vom Tourismusbüro) finden wir das mit Abstand billigste Zimmer für 120 F (!). Auf den Zeltplatz will ich nicht, da ich diesen Tag in etwas festeren vier Wänden beenden will, um ungestört Berechnungen auszuführen, was das Finanzielle und den Zeitplan angeht. Ich bedanke mich dann recht herzlich bei ihm und denke dabei, daß das Mädchen zwar meinen Unfall verursacht hat, aber eben auf die Kinder fixiert war und nichts dafür konnte...

In der Pension: Baden in sehr kleiner Wanne und philosophieren über den Tag. Auf Galibier-Karten notiere ich: Es läuft alles prima, und es geht gut voran (»Ha, Ha, Ha«!), km-Stand 2584,1 bleibt wohl ewig in Erinnerung!

Nach dem Frühstück stelle ich mich mit Rad an den Ortsausgang in Richtung St. Michel de Maurienne. Ich hoffe, daß mich jemand zur Fahrradreparatur bis dorthin mitnimmt. Die Busfahrt um 13.15 Uhr ist mir zu spät. Ich probiere es nur bei großen Transportern oder Kombis, die aber leider abwinken, da sie im Ort bleiben. Währenddessen haben sich ein paar Leute zu mir gesellt, um mich über den Unfallhergang zu befragen und mich anschließend beim Anhalten zu unterstützen. Es wirkt! Ein Ehepaar aus den Vogesen mit Caravan hält und nimmt mich mit. Sie fahren mich unten bis vor ein Radgeschäft. Der Händler schaut erst besorgt, dann aber holt er eine ältere, gebrauchte Felge (mit leichtem Schlag) hervor und wechselt alles mit ungeheurer Sicherheit und Gelassenheit aus (er ist zwar schon fast Rentner, aber jeder Griff sitzt).

Um Punkt 11 Uhr sitze ich auf meinem Rad, ein tolles Gefühl, wenn wieder alles in Ordnung ist. Bei St. Jean de Maurienne steuere ich auf den Croix de Fer zu. Es ist ein sehr eindrucksvoller Paß. Ich empfinde keinen Meter dieser Straße als unattraktiv. An hohen Felswänden entlang geht es recht steil bergauf. Die weitere Originalstraße ist gesperrt, also wird man über St. Jean d'Arves umgeleitet, was sich als viel lohnender herausstellt (Blick auf Pic du Lac Blanc, Pic de l'Etendard und Pic Bayle). Nach kurzer

Verköstigung in St. Sorbin d'Arves radle ich zur Paßhöhe und genieße während der Fahrt schöne Ausblicke. Um 16 Uhr bin ich oben und bin glücklicher als sonst, auf einem Paß zu stehen, denke ich doch an die Lage von gestern, die mich normal einen Tag zurückgeworfen hätte. Nach einem thé au citron geht es die ersten 2,5 km abwärts, um dann schnell die nicht mal 20 Höhenmeter zum Glandon mit dem Abfahrtsschwung hochzueilen. Hier oben ist es sehr öde, also zieht es mich nach einer kurzen Fotopause gleich weiter. (Bei der Abfahrt bin ich sehr vorsichtig wegen des gestrigen Unfalls, außerdem kein sicheres Gefühl mit der »neuen« Felge!) Die Straße durchquert eine sehr wilde Berglandschaft, die unterhalb des Stausees ins Gewaltige übergeht. Man wird um eine riesige Geröllhalde herumgeführt, die die Originalstraße ein paar hundert Meter zerstört hatte. Ehrfurchtsvoll blickt man hoch und erschaudert bei der Mächtigkeit des Ausmaßes dieses Bergsturzes. Bis nach Bourg d'Oisans ist es dann nur noch reine Formsache. Hier will ich übernachten, um morgen ohne Gepäck nach Alpe d'Huez zu fahren.

Auf meine Frage nach einem günstigen Hotel schickt man mich zum Hôtel des Alpes. Beim Telefonieren vom Hotel aus mit einem sehr komplizierten Apparat wird das Gespräch mit meinen Eltern plötzlich unterbrochen, obwohl noch genügend Geld drin ist. Auf Knopfdruck kommt es zwar wieder, aber es läßt sich absolut keine Verbindung herstellen – nur hektisches, schnelles Getute im Hörer. Nach mehreren Versuchen frage ich bei der Rezeption nach dem Grund der Störung. Die Dame scheint das als Angriff auf das Hotel und seine Leitung anzusehen und interpretiert meine Nachfrage nach der Funktion des Apparates so, als ob ich gesagt hätte, das Gerät habe mein Geld »gestohlen«, und sie wolle die Polizei holen, um den Sachverhalt klarzustellen. Ich bin von dieser Art Reaktion sehr überrascht und versuche darzulegen, daß ich nur wissen will, wie man die Verbindung wiederherstellen kann. Sie nutzt ihre sprachlichen Vorteile aus, um mich nicht zu Wort kommen zu lassen und redet mich beinahe tot. Nachdem ich auf diesem Wege nichts erreichen kann, will ich wieder ans Telefon, um es nochmals zu probieren. Doch sie stellt sich davor, hält mich zurück, sagt dann plötzlich, daß es kaputt sei, und befiehlt mir, in der Stadt nach einem öffentlichen Fernsprecher zu suchen. Ich mache sehr viele Telefonhäuschen aus, doch funktionieren die alle nur mit Telefonkarte! Verärgert über das Verhalten dieser Frau gehe ich zurück ins Hotel und teile mit, daß ich doch keine zwei Tage übernachten, sondern schon morgen abreisen werde, und füge hinzu: »Ich möchte nicht in einem Hotel bleiben, in dem man als Verrückter hingestellt wird, wenn man die französische Telefonsitten nicht gleich beherrscht, und im übrigen, ich werde sie weiterempfehlen...

Für heute habe ich genug, und zwei Tage hintereinander mit negativen Erlebnissen lassen mich etwas demoralisiert dreinschauen. Aus Trotz gibt es dann eben kein Alpe d'Huez, das mir auf einer Postkarte sowieso nicht gefallen hat. Ich will morgen schnellstens in den Süden und ein paar weitere landschaftliche Höhepunkte bewundern.

Auf in die Haute-Provence

4. Etappe: Le Bourg d'Oisans – Curbans – Digne; 167,5 km – 1500 Hm – 2 Tage
Abfahren aus Bourg um 9 Uhr raus, und nach knapp drei Kilometern biege ich links ab zum Col d'Ornon, der mir recht gut gefällt. Unterwegs werde ich für etwa eine Stunde zum Tee eingeladen. Etwas verspätet also treffe ich oben ein und finde dann eine unorthodoxe Abfahrt vor. Die ersten paar hundert Meter werden von vier sehr harten Hügeln unterbrochen, die einem das Gefühl geben, man säße in der Achterbahn – es kribbelt im Magen. Darauf folgen mehrere im rechten Winkel zueinander stehende Kurven. Nach Valbonnais führt mich eine Wegeteilung direkt auf die Route Napoléon. Leider ist es sehr schwül, und die Sonne brennt unerbittlich, so daß die schon schwer genug verlaufende Streckenführung der Straße fast zur Qual wird. Gerade so wie ich es nicht mag, verläuft die Straße mal einen Kilometer steigend, dann wieder fallend, dazu Seiten- und Gegenwind und viel Verkehr (keine Radfahrer!). Für motorisierte Gefährte scheint das ja sehr angenehm zu sein – man merkt es an ihrem überschwenglichen Fahrstil –, für einen Radfahrer ist dies aber sehr mühsam, kraftraubend und ermüdend. In Lafare frage ich während des Einkaufens im Lebensmittelgeschäft den Ladenbesitzer, ob es denn anstrengend sei, zum Col de Bayard zu fahren. Er versichert mir, daß es kein Problem und sehr einfach sei. Nur folgt kurz darauf gleich eine bissige 12%ige Steigung!
Nach Erreichen der Paßhöhe sehe ich erleichtert auf Gap hinab, und schon beginnt die Abfahrt. 20 km hinter Gap finde ich einen herrlichen Zeltplatz in der Nähe des Ortes Curbans.

Abends werde ich von einer sehr lebhaften sechsköpfigen Familie aus Hamburg (vier Kinder im Alter von 4 – 11 Jahren) zu gerösteten Kartoffeln am Lagerfeuer eingeladen.
In La Saulze decke ich mich mit Proviant ein und rolle kurz darauf los. Das wird heute so eine Art Belohnung sein für die Schinderei gestern. Es macht auch viel Spaß, auf der guten Straße zu fahren, die im allgemeinen mit leicht fallender Tendenz nach Sisteron führt. Doch nach exakt neun gefahrenen Kilometern (2797 km) gibt es einen Schlag im hinteren Felgenbereich. Darauf schleift sofort das Rad am Rahmen, und ich komme zum Stehen. Zuerst geht mir der Achsenbruch durch den Kopf, doch ist dies heute ein anderes Geräusch, und ein erster Blick zeigt mir, daß Felge und Achse fest sitzen. Ich suche weiter, bis ich auf eine lockere Speiche stoße, was bedeutet, daß ich einen Speichenbruch habe. Was soll ich jetzt tun? Ich habe auf all meinen Touren noch nie solch einen Defekt gehabt. Es bedarf einer neuen Speiche, und es ist ein ziemlich großer Aufwand, diese zu montieren. Von einem unterwegs getroffenen Radler weiß ich, daß man in diesem Zustand nicht weiterfahren sollte, da sonst noch weitere Speichen brechen. Man soll die mitgenommene(n) Speiche(n) an Ort und Stelle einsetzen. Ich habe aber keine dabei. Als Fahrradzubehör habe ich nur vier Ersatzbremsblöcke, Brems- und Schaltkabel, einen Schraubenschlüssel mit mehreren Größen und ein Pannenflickset mitgenommen. Also an den Straßenrand stellen und Daumen in den Wind!
Die anvisierten Fahrer von Lieferwagen oder Camions winken größtenteils ab, was heißt, daß sie nicht über den nächsten Ort hinaus fahren, oder sie ziehen stumm vorbei. Nach einer knappen Stunde kommt von der entgegengesetzten Seite ein zum Campingwagen umgebauter Mercedes-Lieferwagen aus Belgien. Sie hupen mir zu und winken

mich auf ihre Seite. Ich denke dabei, daß sie mich wieder in Richtung Norden mitnehmen wollen, doch sie sagen mir, daß sie in den Süden fahren würden. Sie haben mich vorher zu spät gesehen, um zu halten, hätten aber gedreht, weil ich ihr Mitleid erregt hätte. Also geht's im Eiltempo nach Sisteron, wo sie mich zu einem Getränk einladen. Ich gehe dann ein Radgeschäft suchen. In den zwei existierenden Geschäften hat man meine Speichenlänge nicht, also muß ich in die nächste Ortschaft: Château-Arnoux, 15 km entfernt. Zu meiner Überraschung fährt das belgische Ehepaar nochmals an mir vorbei, doch diesmal scheinen sie mich nicht zu spät, sondern übersehen zu haben.

Nach mehr als 3½ Stunden ist meine Moral am Boden, der rechte Arm ist sehr schwach, und ich bin bei meiner Tour das erste Mal so weit, daß ich am liebsten das Handtuch werfen würde. Ich beschließe dann aber, am nahegelegenen Bahnhof zu fragen, was die Bahnfahrt zusammen mit dem Rad nach Digne kosten würde. Diese Stadt erscheint mir groß genug für ein Radgeschäft mit ordentlichem Zubehör. Doch auch das klappt nicht, da es keine Zugverbindung mit Gepäckwagen gibt!

Wieder an meiner provisorischen Haltestelle angelangt, hebe ich den Arm sehr gelangweilt in die Höhe, als wirklich ein Auto hält und mich mit nach Château-Arnoux nehmen will. Ich bin wie vom Blitz getroffen und eile hin. Mein Lift ist ein uraltes Modell einer Transporterserie von Peugeot. Beim Wettbewerb um das heruntergekommenste Fahrzeug wäre dies mein Favorit. Es ist vollkommen verbeult und verrostet, mehr als ein Jahr nicht mehr gewaschen, die Reifen erinnern an Formel 1-Reifen (glatt), und innen ist es eine fahrende Baustelle mit einem großen Haufen Sand mit von der Partie. Mein Fahrer erklärt mir während der Fahrt, daß er mit dem Auto wegen des Motors (Ruppel, Ruppel!) maximal 70 fahren könne . Wenn ich so lieb wäre, solle ich

mich nicht gegen meine Tür lehnen, da sie locker sei...
In Château fährt er mich direkt vor ein Radgeschäft, wo ich bei gleichzeitigem Fernsehen (Tour de France) mein Rad sehr fachmännisch repariert bekomme. Zur Sicherheit nehme ich mir zwei Speichen der richtigen Länge mit, um im Fall eines weiteren Speichenbruchs später wenigstens ersatzteilmäßig gewappnet zu sein.
Die folgenden 25 km nach Digne versöhnen mich wieder, da die Natur sehr gefällt. In Digne finde ich einen wiederum schön gelegenen Zeltplatz. Für die noch verbleibende Zeit hoffe ich, von weiteren Pannen verschont zu bleiben, und glaube, daß der Tiefpunkt der Reise – bei mir seit dem Galibier – endgültig überstanden ist.

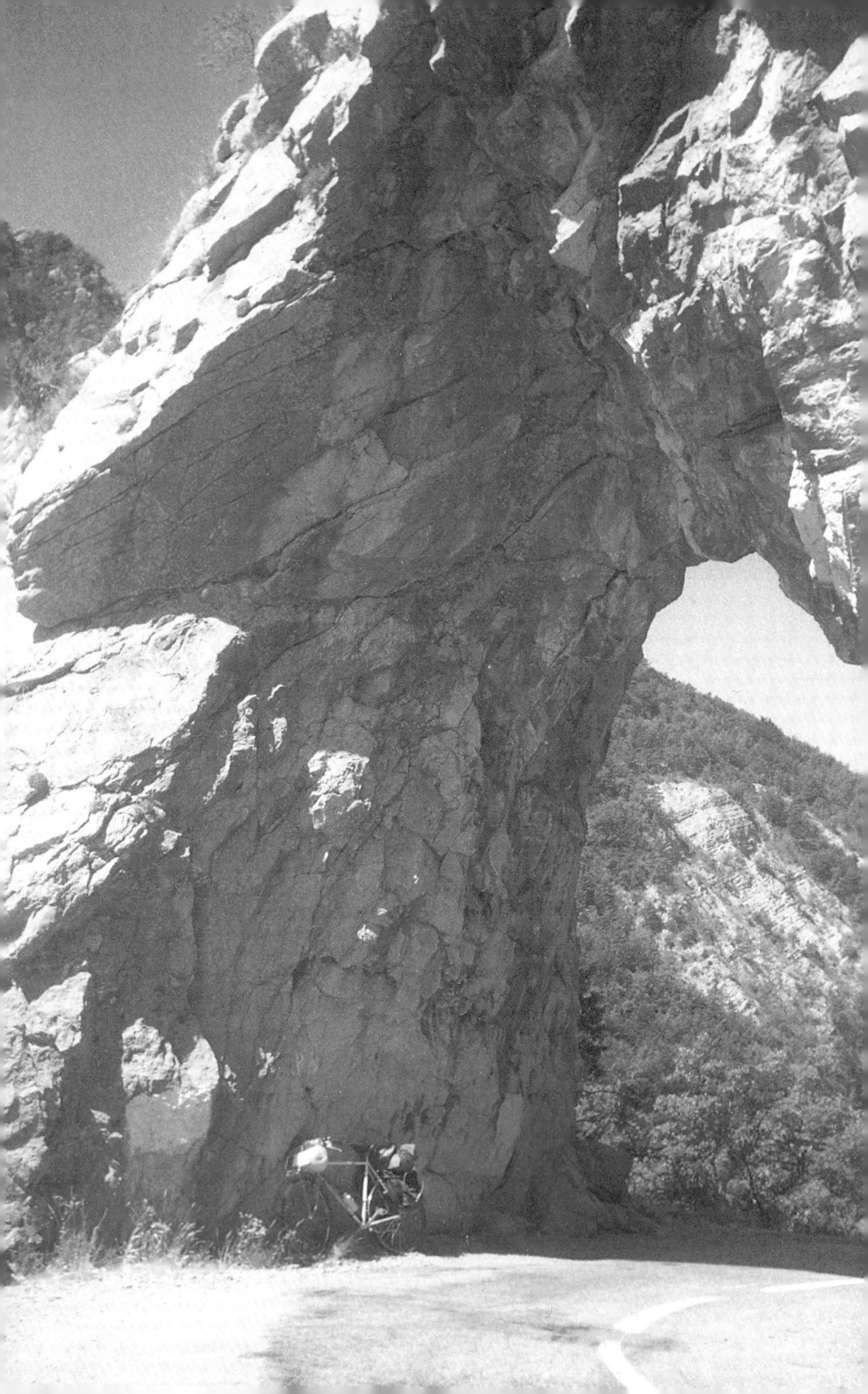

Prädikat Wertvoll: Gorges de Verdon

5. Etappe: Digne – La Palud – Castellane; 196,2 km – 1610 Hm – 2 Tage
Die heutige Etappe beginnt um 9 Uhr mit der Abfahrt in Digne. Auf dem Weg nach Castellane finde ich eine recht schöne Straße, die durch eine typische Provence-Landschaft führt. Doch zuerst muß der Col des Lecques bezwungen werden. Er ist zwar an sich nicht anstrengend, doch macht mir die Hitze schwer zu schaffen. Unterwegs passiert man Les Clues de Taulanne, eine Schluchtpassage, die mich auf Les Gorges du Verdon einstimmt.
In Castellane versorge ich mich mit Proviant fürs Wochenende. Danach geht's zu den Schluchten des Verdons, über die ich schon einige Berichte gelesen und entsprechende Fernseh-Reportagen verfolgt habe. Nun liegt sie vor mir. Die 12 km zur Wegeteilung – entweder nördliche oder südliche Befahrung – haben leicht fallender Tendenz. Danach geht es schweißtreibend zum Point Sublime und weiter in Richtung La Palud. Kurz vorher biege ich ab zur Route Crêtes. Jetzt beginnt der großartigste Teil meiner Reise, der alles bisher Gesehene in den Schatten stellt und vollkommen lächerlich erscheinen läßt. Die Straße führt über einen mit Nadelwald bewachsenen riesigen Bergrücken, der auf der Südseite senkrecht zum Verdon abbricht. Mit jedem neuen Aussichtspunkt erhöht sich der Höhenunterschied vom Fluß zum Wandende (bis 785 m). Ich bin im höchsten Maße fasziniert! Es ist schwer, die gesehenen Eindrücke in Worte zu kleiden, da sie all das doch nicht richtig beschreiben können. Nur eines: Vor allen Sehenswürdigkeiten in Europa sollte man hier gewesen sein und sich berauschen

Eine imposante Felsdurchfahrt als Einstimmung auf bevorstehende Schluchtpassagen der Les Gorges du Verdon.

lassen. Es ist einfach großartig und gigantisch.
Nach dem höchsten Punkt (1285 m) wird man auf einer sehr schönen Straße um den Felsrücken herumgeführt, fallend – mit auserlesenen Blicken in die Schlucht und auf die gegenüberliegende, zum Greifen nahe Corniche Sublime. Vor La Palud steigt die Strecke nochmals kurz an. Hier finde ich eine Jugendherberge.
Als ich aufwache, freue ich mich, daß der gestrige Tag im Grand Canyon de Verdon kein Traum war. Vom Frühstück hätte ich gehofft, daß es nur ein Traum wäre. Es werden aufgebackene »Baguetteschnipsel« angeboten – nichts dagegen –, aber sie sind hoffnungslos angebrannt. Der Tisch ist nach dem Frühstück mit abgekratzten schwarzen Krümeln übersät.
Bei der Abfahrt bin ich auf das höchste gespannt, was ich heute zu sehen bekomme. Es folgen Stellen mit überwältigender Aussicht. An schönen Lac de Ste. Croix entlang beginnt eine Steigung auf 1200 m, die mir aufgrund der extremen Hitze sehr schwer fällt. Nach weiteren Aussichtspunkten geht die Schluchtbefahrung ihrem Ende zu. Ich möchte jedem Naturliebhaber ans Herz legen, hierher zu fahren.
Ärger: Ich habe in der Schlucht viele Rennradler gesehen. Sie waren mit ihren Clubs aus verschiedenen Nordländern angereist, um hier ihr persönliches »Rennen« zu fahren. Sooft ich an einem Belvedere anhielt, um die besondere Aussicht zu genießen, fuhren sie achtlos vorbei. Wieder Trainingsobjekt und nicht Naturaspekt mit Radeln verbinden! Das können sie auch woanders. Hier nerven sie nur durch Schreie beim Abfahren, um sich eine freie »Piste« zu verschaffen. Sie gefährden mich und die Autofahrer. So nicht!

Zurück zu den Alpen oder: Die schönste Woche der Tour

6. Etappe: Castellane – St. Martin d'Entraumes – Col d'Allos – Valberg – Vinadio – Jausiers – Briançon; 573,7 km – 12335 Hm – 8 Tage

Beim Aufstehen stelle ich mit Schrecken fest, daß mich recht viele Insekten in der Nacht »erwischt« haben. Sie haben sich auf Kosten meines Blutes bereichert. Vorwiegend an Armen, Händen und rund ums Gesicht. Ein Tier hat mich noch vorm Reinschlüpfen in den Schlafsack an der Wade gestochen, ausgerechnet an der Stelle, wo der Muskel beim Pedalieren immer gebeugt und gestreckt wird. Das beinahe hühnereigroße Objekt wird mir heute große Schwierigkeiten beim Fahren bereiten. Die keineswegs schwierige Strecke führt am künstlichen Lac de Castillon vorbei zum Col de Toutes Aures, dann folgen ca. 10 km schöne Abfahrt, anschließend wieder eine Schluchtstrecke durch die Gorges de Daluis. Zu Beginn denke ich im stillen, was mir denn hier schon geboten werden könne, da ich doch verwöhnt bin. Doch wie habe ich mich getäuscht! Eine aus rötlichem Gestein bestehende Schlucht, mit grünen Sträuchern aufgelockert, bildet eine tolle Farbkombination mit dem tiefblauen Himmel, und die betörende Senkrechte zum kleinen Fluß Var hinunter raubt mir den Atem.
Die Straße tut ihr übriges und führt passend dazu sehr aufregend am Felsen entlang. (Tip: wegen der besseren Aussicht von Süden aus befahren, denn von Norden führt die Strecke durch mehrere Tunnel.) In Guillaumes erkundige ich mich nach einer Übernachtungsmöglichkeit, weil die durch den Stich verursachte Schwellung zu schmerzen beginnt. Beim Treten der Pedale fühlt es sich an, als rissen Muskelfasern! Man schickt mich noch bis St. Martin d'En-

Wie mit einem Messer durchgeschnitten erscheint diese Senkrechte in der Daliusschlucht...

Eine der vielen beeindruckenden Aussichten, die den Reiz einer Alpentour ausmachen – hier vom »Point Sublime«.

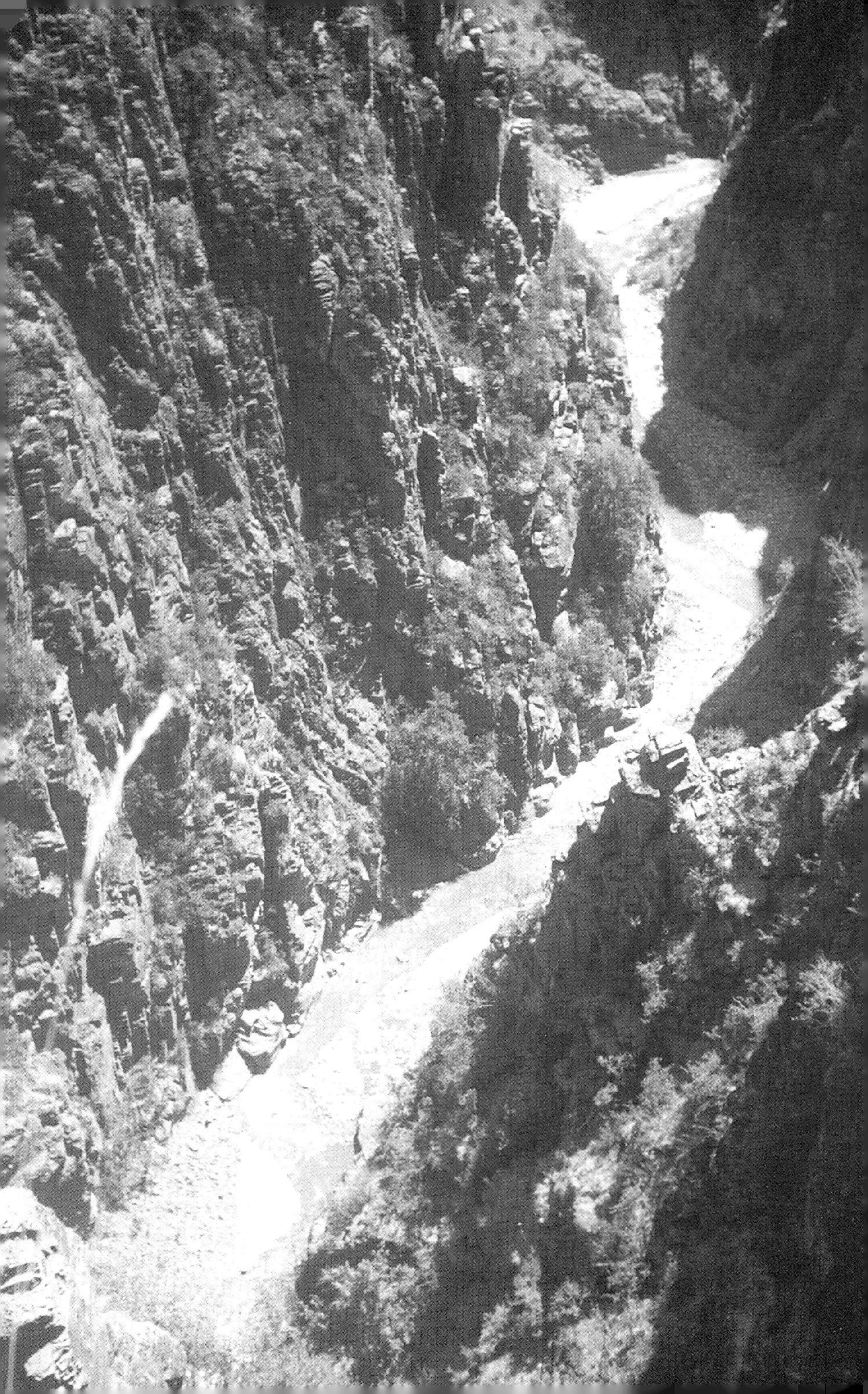

traumes, wo ich nach umständlicher Herumfahrerei ein Bett finde. So bin ich wenigstens genau an der Abzweigestelle für den Col des Champs.

Als ich am Morgen aus dem Fenster schaue, erwarte ich schon gewohnheitsmäßig einen grenzenlos blauen Himmel – doch was ist das? Er ist voll bedeckt und grau verhangen. Das ist mal was ganz neues. Ich wußte schon bald nicht mehr, wie so eine Wetterlage aussieht! Das Positive daran ist die angenehme Temperatur.

Also los geht's zum Col des Champs. Vorher in St. Martin d'Entraumes einkaufen. Beim Suchen eines geeigneten Plätzchen zum Frühstücken mache ich Bekanntschaft mit zwei Italienern, Maurizio und Andrea. Sie stammen aus Varese und sind mit dem Auto bis nach Bardonecchia gefahren. Von dort aus waren sie seit ein paar Tagen mit dem Rad auf Pässetour. Für heute haben sie die gleiche Paßfolge wie ich geplant.

Wir sind schnell miteinander bekannt und starten nach ausgiebigem Frühstück. Es läßt sich außerordentlich gut fahren, da einem die Witterung sehr entgegenkommt. Zudem ist die Straße durch ein sehr schönes Gebiet und interessante Landschaft gelegt. Man merkt, daß es sich wieder mal um ein sogenanntes kleines Verbindungssträßchen handelt, das kaum Beachtung findet und zu unserem Glück so gut wie überhaupt nicht befahren ist. Mit zunehmender Höhe wird es dann recht kühl (Sweatshirt willkommen), dazu verdichten sich die Wolken, und gerade bei der Ankunft auf der Paßhöhe fängt es an zu regnen. Da es kein Restaurant hier oben gibt, wo man sich hätte unterstellen können – noch nicht mal ein Paßschild, geschweige denn Aufkleber oder Ansichtskarten –, rüsten wir uns gleich zur

Kein Wunder, daß sich am Col de la Cayolle viele Radler tummeln, denn die Natur hält hier viele Augenweiden bereit.

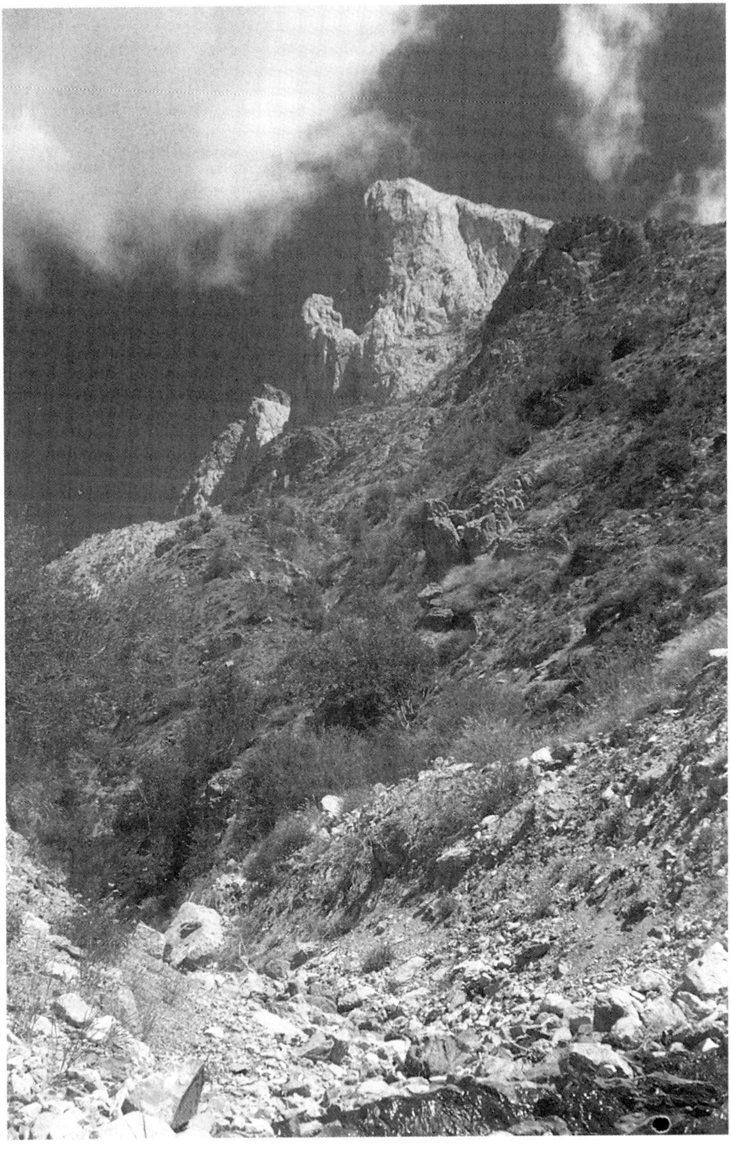

Natur auch tierischer Art.

Abfahrt. Das Wetter setzt uns sehr schwer zu. Von einer Minute auf die andere ist der Blick ins Tal total unmöglich geworden, es regnet in Strömen, und ein außergewöhnlich heftiger Wind bläst uns um die Ohren. Die folgende Abfahrt ist eine meiner bisher grauenvollsten. Der Belag auf der Straße – nur akzeptabel, weil dies die einzige ins Tal führende Strecke ist – und das höchst üble Wetter bringen mich zur Verzweiflung!
Unten geht's weiter nach Allos. Hier Information über eine Übernachtungsmöglichkeit zum Paß hin (Refuge auf dem Paß). Also fahren wir nach umfassendem Einkauf und Essen zum Col d'Allos (Oldtimerrennen). Hier wird geschlafen (30 F).
Nach einem reichhaltigen Frühstück aus eigenen Vorräten rollen wir den Allos runter. Der Belag ist – wie soll es auch anders sein – grauenhaft, aber die Streckenführung was für

Liebhaber. Speziell der untere Teil mit der an der Felswand entlangführenden Straße gefällt mir sehr. Man kommt sich vor, als wenn man mit dem Rad eine Art Riesenslalom fährt, und ich spüre bei einer Abfahrt das erste Mal so etwas wie Nervenkitzel. Die teilweise enge Straße verschwindet häufig unangekündigt hinter der Felswand, und man muß sehr wachsam sein wegen des Gegenverkehrs...
Beim Abzweig zur Cayollestraße Verabschiedung von Maurizio und Andrea. Es war meine bisher sympathischste Bekanntschaft auf dem Rad, und ich bedaure es sehr, daß wir keine Adressen ausgetauscht haben.
Cayolle: Diese Befahrung hat mir mehr Freude gemacht als die Allosfahrt. Zum einen aufgrund der schöneren Umgebung, zum anderen, weil das Verkehrsaufkommen sehr viel geringer ist. Dafür tummeln sich hier viele Radler. Punkt 13 Uhr bin ich oben.
In Guillaumes Einkauf. Dabei frage ich den Verkäufer, welche Strecke er mir nach Valberg empfehlen könne. Er rät mir, unbedingt über Peone zu fahren – wegen des geringeren Verkehrs und so. Ich befolge seinen Ratschlag. Als ich draußen dann Donnerklänge vernehme – von einer kolossalen Riesenwolke Richtung Valberg – frage ich einen Ortsansässigen, ob es denn bald regnen würde. Er schaut mich an und lacht herzhaft. Ich bin sehr erstaunt über diese Art der Erwiderung, stelle aber fest, daß mein Französisch ihn zu solcher Heiterkeit brachte. Ich habe wieder einmal »pleuvoir« (regnen) und »pleurer« (weinen) verwechselt, was sich dann für ihn so anhörte: »Was meinen Sie, Monsieur, wird es hier gleich weinen?«
Er gibt mir dann aber höflich Antwort und sagt mir, daß ich keine Bedenken zu haben brauche – er hat recht. Die Straße selbst hat mich sehr begeistert. In der Michelinkarte wird zwar der Serpentinenteil als schwierig und gefährlich klassifiziert, ich kann aber keines von beiden bestätigen. In

Valberg finde ich das billigste Hotel am Ort für gesalzene 170 F(!).

Nach einer erholsamen Nacht geht es zuerst etwas bergab nach Beuil, hier Abzweig zum Col de la Couillole. Meine Auffahrt ist recht leicht, was man vom Pendant von St. Sauveur aus nicht sagen kann. Dementsprechend ist auch die Abfahrt eine sehr kühne Angelegenheit. Der Asphalt ist zwar gut, jedoch total mit Rollsplit und großen Steinen übersät. Ein Stein fällt mir vom Herzen, als ich unten bin. In St. Sauveur Einkauf und essen. Dann bis nach Isola. Das erste Mal auf meiner Tour begleitet mich Rückenwind eine Steigung hinauf. Ich bin sehr froh darüber, da mir meine Knie aufgrund der letzten beiden anstrengenden Tage (je zwei lange Paßanstiege) etwas schmerzen. In Isola will ich Geld holen, doch sind in dieser Gegend die Banken donnerstags geschlossen. Ein Mann macht mir Mut, daß es in Isola 2000 möglich sei zu wechseln. (Es ging aber auch dort nicht.) Also los! Der Rückenwind erleichtert mir den strengen Anstieg. Beeindruckt bin ich von der ausgetüftelten Serpentinenstreckenführung. Kurz vorm letzten Tunnel (vor Isola 2000) tauchen urplötzlich Gewitterwolken hinter mir auf und jagen den Berg hinauf, wo sie »steckenbleiben«. Ich verweile im Tunnel, doch nichts geschieht. Also weiterfahren, aber es wird sehr knapp, denn kurz vor Isola 2000 entlädt sich alles. Ich schaffe es gerade noch bis zum Tourismusbüro in einer Einkaufspassage. Hier warte ich eine Zeitlang, und ein Radler aus Frankreich gesellt sich zu mir. Er kommt von oben – total aufgeweicht. Es wird viel erzählt und ärgerlich das Wetter beschimpft. Er entschließt sich dann, nach Isola runterzufahren, als er eine regenarme Phase zu bemerken scheint, packt ein und rollt los. Kurz darauf setzt ein erneuter Regenguß ein. Irgendwie spornt mich seine Unbekümmertheit in bezug auf den Regen an, auch loszufahren.

Von allen Dingen finde ich es nämlich am schlimmsten, an einen Ort gefesselt zu sein und nichts machen zu können als rumsitzen und warten, da einen entweder Defekte am Rad oder solch ein Wetter dazu zwingen. Das Gepäck wird demnach regentauglich präpariert und auch ich ziehe Regenkleidung an. In einem Geschäft erbitte ich mir noch zwei Plastiktüten als Überzieher für die Schuhe, und schon sitze ich auf dem Rad. Ich muß wie ein Wesen vom anderen Stern aussehen, so schauen mich die Leute an. Es ist doch normal, daß man sich irgendwie vor dem Regen schützt, oder sind sie so schockiert wegen meines Radelns im Regen? Ich kann mir das Wetter eben nicht aussuchen und muß mittendurch. Der Regen legt wirklich nochmals kräftig zu und testet meine »Verpackung«. Doch sehr rasch hört es auch wieder auf, und es wird heller. Ich fahre weiter und sehe mich auf einmal der Sonne gegenüber! Das hätte ich jetzt nicht gedacht.

Auf der kurz danach folgenden Paßhöhe erlebe ich ein Naturschauspiel: Die nächste Umgebung um den Paß ist bei wolkenlosem Himmel von der Sonne durchflutet. Der komplette südliche Teil Richtung Frankreich wird dagegen von einer riesigen schwarzen Wolkenfront beherrscht, von der einige leichtere Fetzen herüberziehen. Aus Italien ziehen von Norden helle Nebelschwaden hoch, die in der Sonne leuchten und sich kurz vor dem Paß auflösen. Das nach Nordwesten gerichtete Bergpanorama ist in eine Art Wattewolkenkomplex eingebettet. Die ständige Bewegung der Wolken vermittelt mir den Eindruck, in einem Flieger zu sitzen und über dieser Szenerie zu schweben. Beim langsamen Runterrollen mit dem Rad ist dieser Effekt beinahe vollkommen. Als ich zurückschaue, entdecke ich noch einen Regenbogen – auf schwarzem Hintergrund toll leuchtend! Als Ganzes gesehen ist das für mich ein Moment, der mir ewig in Erinnerung bleibt, u. a. auch als bisher schönste

Stimmung auf einer Paßhöhe.
Die 24 km Abfahrt lassen meine Begeisterung für diesen Paß noch in höhere Gefilde schweifen (für italienische Verhältnisse guter Asphalt, Straße nur knapp für zwei Autos breit, kurven- und kehrenreich). Erst weit unten werde ich unsanft durch holprigen Belag in die Realität zurückgeholt. Sollte ich den Paß nochmals befahren, unbedingt von Norden her, dann ist alles perfekt.
In Vinadio bin ich froh, eine Bank zu sehen, die morgen geöffnet hat. Das Problem ist nun wieder die Zimmersuche. Jegliche Bemühungen schlagen fehl, alles ist ausgebucht. Dabei werden drei junge Leute auf mich aufmerksam und bekommen mit, daß nirgends ein freies Zimmer zu haben ist. Sie heißen Serena Voghera mit Freundin Graziella Pinna und Freund Sergio Trocello, der mit seinem Bruder eine Pizzeria führt, und organisieren eine Schlafgelegenheit bei einem Freund, der um die Ecke wohnt. Ich esse in der Pizzeria Pizza, Cola und Caramel-Nachtisch für 10000 L. Der Clou ist, daß mir Serena und Graziella – einfach so – je 10000 L geben, um »klarzukommen«, und sie wollen sie unter keinen Umständen zurückhaben. Der ganze Familienclan inklusive Verwandtschafts- und Bekanntschaftsanhang ist überaus hilfsbereit und liebenswürdig, und zwar mit einer ganz natürlichen Selbstverständlichkeit. Sie sind ein perfekt organisiertes Team, und es scheint ihnen große Freude zu bereiten, für Menschen etwas Gutes zu tun und sie glücklich zu sehen. An diesem Tag konnte ich die meisten positive Erfahrungen machen, und das wird mir lange im Gedächtnis bleiben.
Um 7.45 Uhr stehe ich auf und fange leise an zu packen, um meinen Zimmergefährten nicht zu stören. Er wird zwar auch bald wach, ist aber noch relativ schläfrig, da er in seinem Urlaub gerne bis 10 Uhr ausschläft. Trotzdem serviert er mir ein Glas Milch, später guten Kaffee. Danach ist

Nicht minder schön ist der Ausblick von der Cayolle-Paßhöhe nach Süden mit bizarren Wolkenformationen.

er voll da, und wir erzählen bis 10 Uhr. Ich sage ihm dann aber, daß ich noch radfahren will. 10.45 Uhr bin ich dann fahrbereit. Bis nach Argentera ist alles recht eintönig. Erst die folgende Serpentinenstrecke läßt mich aufleben. Die Abfahrt ist dann auch sehr mäßig – dieser Paß war für mich nur Mittel zum Zweck, und zwar um nach Jausiers zu gelangen. Hier finde ich eine Jugendherberge (Halbpension 85 F). Nach dem Deponieren des Gepäcks muß ich nochmal schnell nach Barcelonnette Geld holen, da es in Jausiers keine Bank gibt! In der Jugendherberge lerne ich Robert und Martin, zwei Hamburger Radler, kennen.

Für den heutigen Tag hatte ich mir fest vorgenommen, um 3 Uhr in der Frühe auf den Col de la Bonette zu fahren. Ich habe aber sehr fest geschlafen und werde erst um 7 Uhr wach. Damit sind die Hoffnungen auf eine wolkenlose

Panorama-Aussicht auf Null gesunken. Also fahre ich nach großartigem Frühstück um 9 Uhr mit den beiden Hamburgern los, die nach Nizza wollen. Um 11.30 Uhr sind wir oben. Jeglicher Versuch, das Panorama auszumachen, wird durch die Wolkentürme verhindert. Schade! Ausgerechnet hier habe ich mal auf einen »Weitblick« gehofft! Ich nutze

Col de Restefond, der Vorbote des Col de la Bonette.

die Gelegenheit zum Kartenschreiben. Gut zwei Stunden später geht's wieder runter. Bei dieser Abfahrt bin ich sehr wütend, da ich auf meinem Rad bis aufs äußerste durchgerüttelt werde. Wer wissen will, was Rad und Fahrer so aushalten, der fahre den Agnel nach Château, den Izoard nach Briançon oder den Bonette nach Jausiers hinab! Der Herbergsvater sagt mir, daß die Nordseite des Col de la Bonette von Jausiers verwaltet werde, wo das Geld zur richtigen Straßenunterhaltung fehlt.
Morgens bin ich vom Blick nach draußen gar nicht beglückt, denn es ist grau verhangen. Nach kurzer Fahrzeit fängt es dann auch schon an zu regnen. Positiv ist lediglich, daß ich beim abschnittsweise recht steilen Col de Vars nicht schwitze. Oben ausruhen bei heißer Schokolade und abwarten, bis der Regen aufhört. Es läßt nach, also geht's gleich runter. Zuerst bin ich wegen des erbärmlichen Belages verärgert, doch im unteren Teil vor Guillestre wird es gut. Dann folgen 30 km schlimmstes Radfahrerdasein während der Tour! Heftiger Gegenwind, kalt und Regen, nach l'Argentière steil bergauf! Bei dieser Quälerei kommt mir ein Spruch von Reinhold Messner in den Sinn. Bei seiner Antarktisdurchquerung mit Arved Fuchs hatte er folgende Bewertung für einen erbärmlichen Tag: »Elendiges Dahinkriechen einer Ameise.« Dem möchte ich nichts hinzufügen.
In Briançon wirbt man mit Schildern wie »300 Tage Sonne im Jahr« und »Briançon und sein blauer Himmel«. Kommentar überflüssig... In Briançon finde ich ein preiswertes Hotel in der Altstadt. Ich mache Bekanntschaft mit zwei sehr sympathischen Belgiern, »Hallo Pierre und Jean Paul«! Um 8.15 Uhr gibt es »petit déjeuner«. Es ist wirklich »petit«, da die Franzosen morgens nicht so viel essen, sagte man mir. Ich bemerke einen jungen Mann – höchstwahrscheinlich vom Personal – der mit Hingabe und Ausdauer an

Das schmale Panoramasträßchen zum Col du Granon (2413 m) ist sehr zu empfehlen.

einem kleinen Croissant herumnagt, es sehr oft nach dem neuerlichen Anbeißen mit Butter bestreicht und genießerisch seine Milch dazu trinkt. Der Tisch sieht hinterher aus, als ob er ein ganzes Frühstücksbuffet verzehrt habe, und er streckt und reckt sich wie nach einem riesigen Festmahl. Ich will aber auf keinen Fall in der gleichen Manier frühstücken und verlange in der Küche noch nach Brot, da so ein Croissant sehr luftig ist und bei mir nur für zwei, drei Bissen reicht. Man schaut mich ungläubig an und gibt mir, regelrecht mißtrauisch, drei Baguetteschnitten und ein Stück Butter – sie denken wohl dabei, daß ich das sowieso nicht alles essen werde. Ich muß aber noch zweimal hingehen, um Nachschub zu verlangen, lasse es dann aber gut sein, um das französische Weltbild über deutsche Eßgewohnheiten nicht zu sehr zu verrücken, und erläutere, daß ich als Radfahrer halt etwas mehr brauche. Ist doch auch wahr – ich will ja zudem noch zum Col de Granon (2413 m) hoch.

Beim Losfahren mache ich erst noch mal vor Abzweig »Col« Halt, um mir etwas Wegzehrung mitzunehmen, wovon ich nach dem mageren Frühstück die Hälfte sofort esse. Dann geht's los. Bei der ersten Steigung erschrecke ich, da mir mein rechtes Knie sehr weh tut. Das kommt von der Schinderei gestern! Demnach wird auf Sparflamme getreten, aber verstärkt mit links, und es geht gut! Morgen wird dann zwar das linke Knie mehr wehtun, aber daß es sich lohnt zu fahren, zeigen mir die 12 km zum Col de Granon. Es ist durchwegs eine Panoramastraße par excellence, und man hat viel umfassendere und schönere Blicke aufs Ecrinsmassiv als beim Galibier. Leider muß ich mich auch heute wieder wie in den letzten Tagen den Wolken ergeben. Sie haben bis vor 12 Uhr alles »zugemacht«, aber glücklicherweise sind die Gletscherberge fast vollständig zu sehen, und es regnet auch nicht.

Ich bleibe, solange es angenehm ist, und rolle dann gegen 13 Uhr wieder runter. Die Abfahrt ist steil und hat abschnittsweise enge Kurven. Ich komme das erste Mal von der Straße ab, glücklicherweise unbeschadet. Für 12 km brauche ich 20 Minuten. Der Asphalt ist eigentlich gut und unbeschädigt, aber rauh und stark gewellt.

Typische schmale Gäßchen mit Flair in der Altstadt von Briançon.

Drei-Länder-Tour

7. Etappe: Briançon – Lauslevillard – Séez – Morgez – Martigny – Visp – Ascona; 664,7 km – 10600 Hm – 8 Tage
Nach einem zweiten Frühstück, wie am Vortag auch, gehe ich den Anstieg zum Mont Genevre an. Man hat mir vorher davon abgeraten, zu viel Verkehr etc. Ich finde ihn nicht schlecht. Schöne Serpentinenführung und viel Wald. Die Abfahrt ist kühl, erste Regentropfen fallen, und bis nach Susa habe ich Gegenwind von der härtesten Sorte und Gewitter. Von Susa zum Mont Cenis; im unteren Teil sehr feucht und schwül, es gab vorher Gewitter. Exzellenter Asphalt und tolle Streckenführung – wäre das eine tolle Abfahrt, und ich fahr da hoch! Es macht aber sehr viel Spaß. Etwa anderthalb Stunden nach dem Gewitter in Susa braut sich schon das nächste zusammen. Bis zur italienischen Zollkontrolle kracht es schon fürchterlich, und mir ist etwas bange zumute, einer solchen Naturgewalt in ihrer vollen Lautstärke ausgesetzt zu sein. Bei den zwei Zollbeamten pausiere ich kurz und warte ab.

Meiner Ansicht nach ist das Gewitter schon auf dem Rückzug und wird gar nicht in Richtung Col du Mont Cenis ziehen. Trotzdem wird das Regencape rausgeholt und vor den Lenker auf den Schlafsack gelegt – für den Fall, daß es anfangen sollte. Bei der französischen Kontrolle beginnt es leicht zu regnen. Ach, was soll's, jetzt bin ich toll im Rhythmus, und es ist nur leichter Niesel. Das Gewitter scheint sich tatsächlich zu verziehen, denn die Regentropfen werden von einem sturmartigen Wind lediglich von den entfernten Wolken rausgedrückt und hergeweht. Auf 2100 m dann nur eine kurze Pause im Restaurant (Karte und Aufkleber), denn es ist recht kalt, dann geht's zum mit 2083 m etwas niedrigeren Col du Mont Cenis. Hier einen Tee, dann rollt es von alleine nach Lanslevillard. Doch plötzlich ist von der französischen Seite ein weiteres Gewitter aufgezogen, und auf den 10 km nach unten werde ich richtig naß. In Lanslevillard finde ich dann zu meiner Freude eine Jugendherberge. Es gibt ein riesiges (!) Abendessen, das ebenso gut schmeckt.

Heute fahre ich zur Straße der Bellecombe und weiter bis zum Refuge de plan du lac, 2360 m. Es ist eine sehr schöne Gegend, die von einem schmalen, steilen, aber gut asphaltierten Sträßchen erkundet wird. Der Tag hat wieder verheißungsvoll begonnen. Es ist wolkenlos. Bis ich oben bin, hat es »zugemacht«, ich kann aber noch die Gletscher der Bergwelt der Vanoise (Dent Parrachée) erkennen und bewundern. Doch bald ist es sehr kalt hier, und ich ziehe mich ins Refuge zurück. Retourfahrt: 13.45 Uhr, die Abfahrt ist sehr schnell.

In der Jugendherberge gibt es ein Frühstücksfestessen, und ich esse soviel ich kann, denn die gespeicherten Kalorien sollen bis zum Paß oben reichen. Doch während der ersten Kilometer über die vorgelagerte Anhöhe des Col de la Madeleine (1752 m) erweist sich meine vorherige Eßfreude als negativ. Bei dem bissigen Anstieg, der einige Anstrengung beim Treten erfordert, ist mir recht übel, und es geht nur langsam vorwärts. Ich muß andauernd aufstoßen und schimpfe über meinen Baguette-Enthusiasmus. Auf dem kleinen Paß folgt eine ausgedehnte Pause, dann eine kurze Abfahrt. Anschließend kommt der nächste Anstieg, der mir immer noch nicht zusagt. Ich tue dem unwilligen Körper den Gefallen, lasse das Rad stehen und setze mich daneben. So vergehen ein paar Minuten mit Nichtstun. Kurz darauf fixiere ich mein Rad und sporne mich selbst an: Nun schau Marc, wie geduldig das Rad da steht und nur auf *dich*

Kurz nach Val d'Isere, das mit seiner Ansammlung von Wohnsilos eher abschreckt, beherrscht die Natur in wohltuender Weise wieder das Bild.

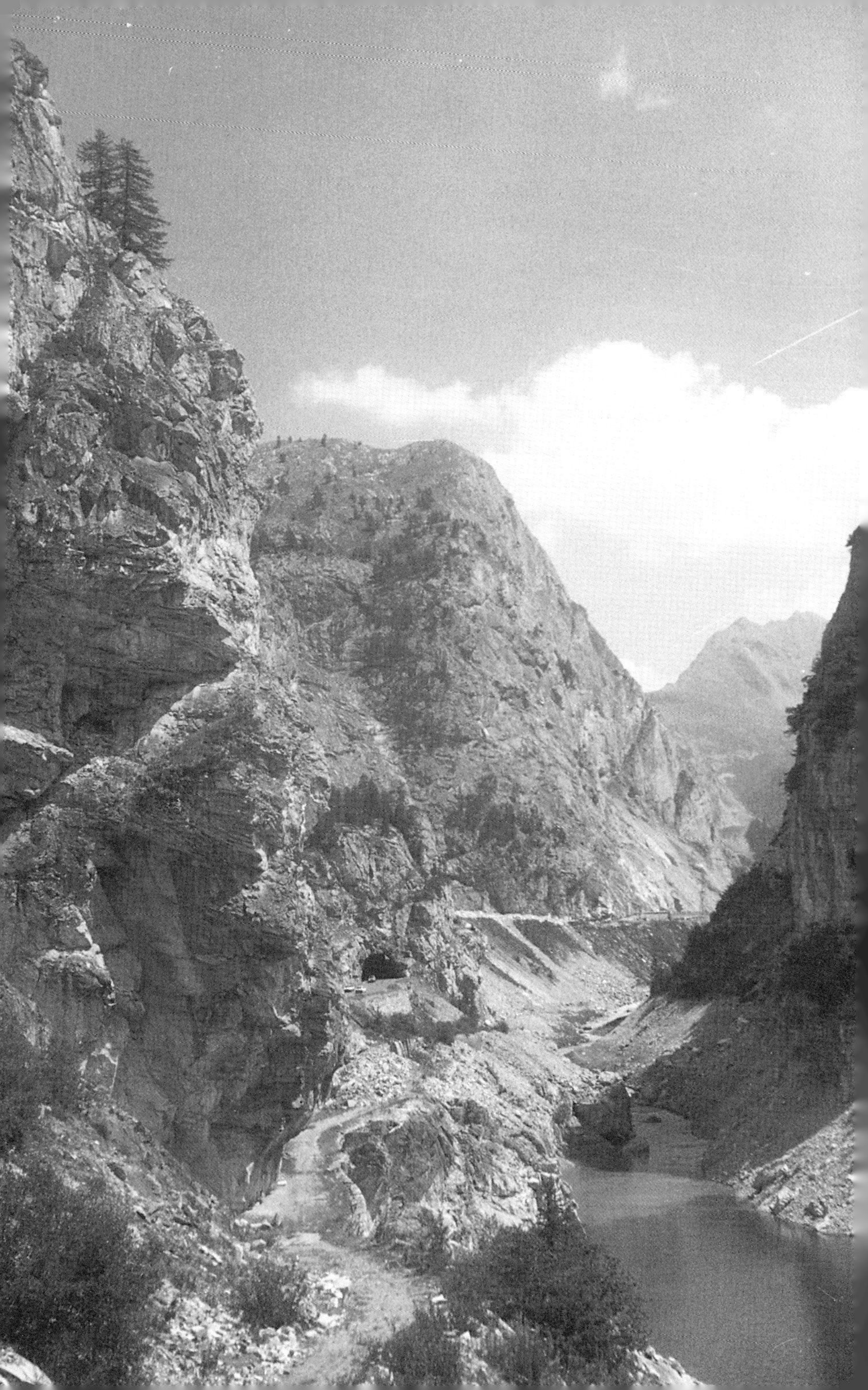

wartet, um von *dir* in Bewegung gesetzt zu werden – los, nun mach' schon. Also gut! Als kleine Belohnung fährt es sich dann auch recht einfach nach Bonneval sur Arc. Hier wird etwas Proviant besorgt, und urplötzlich bin ich heiß darauf, Steigungen in Angriff zu nehmen, der Funke der Faszination »Col d'Iséran« ist übergesprungen. Von hier sind es »nur« noch 14 km bis zum Paß, und sie sind mit sehr schönen Ausblicken auf die reichhaltige Gletscherwelt gespickt und optisch vom Glacier des Evettes beherrscht. Auf dem Paß ist es dann – oh Wunder – im Vergleich zu anderen Pässen angenehm mild und der Himmel nicht wie sonst die letzten Tage bedeckt. Ich mache es mir auf meinem Schlafsack bequem und schreibe Ansichtskarten.

Kurz vor 14 Uhr starte ich zur Abfahrt, unterbrochen durch einige Stops zum Fotografieren der nördlichen Aussicht und Talblick nach Val d'Isère. Was von der Ferne eventuell noch imposant anzusehen ist, wird beim näheren Hinsehen ein abschreckendes Bild. Ein schlimmes Ansammlung von Wohnsilos, die nicht den Eindruck gemütlicher Wohnkultur vermitteln. Ist das die ersehnte Winteridylle, das Maß aller Dinge, um sich zu erholen? Na ja, der moderne Mann von morgen (Snowboard, neonpink) braucht eben futuristische Umgebung – sonst geht es nicht... Die weitere Talfahrt führt durch Baustellen in Tunneln und auf Straßen, dann zum Teil reparaturbedürftige Abschnitte, die mir den Angstschweiß auf die Stirn treiben, daneben aber auch tadellose Gefällstrecken. Vom Belag abgesehen, ist es mein bisher ausgiebigstes Wettrennen mit motorisierten Fahrzeugen. Da es für einen Radfahrer ein großes Glück ist, eine freie Fahrbahn vor sich zu haben, werden »sie« auf langen geraden Gefällen mit 70 km/h überholt, oder es wird »ihnen« an den Kehren der Weg abgeschnitten, damit man »sie« eben nicht vor der Nase hat und »sie« einen wohl oder übel ausbremsen (sie müssen es). Lediglich Motorräder sind schwer zu »kriegen«, und die sehen es humorvoll gelassen. (Autofahrer sind meistens verärgert. Ein Radfahrer hat bei der Abfahrt dasselbe feeling wie Motorradfahrer, und sie verstehen das – die Autofahrer nicht). In Séez finde ich eine Jugendherberge, aber ich muß noch über zwei Stunden warten, bis sie aufmacht.

Am nächsten Tag um 9.15 Uhr dann Abfahrt auf den Kleinen St. Bernhard. Ich möchte vorher erwähnen, daß ich tags zuvor in der Jugendherberge etwas ausprobiert habe, was mir in Lanslevillard von anderen Radfahrern empfohlen wurde. Man sagte mir, daß die Beinmuskulatur beim Radfahren immer etwas verkürzt werde und man deshalb Dehnübungen machen sollte, so eine Art Stretching. Sie zeigten mir, wie es geht, und empfahlen, die Beine mit Massageöl kräftig einzureiben und vorher, der größeren Wirkung halber, die Beinhaare abzurasieren. Sie kamen mir fast vor wie Sportmediziner, die einen Unwissenden belehren wollen. In Séez stemme ich mich also gegen die Wand, dehne dabei die Wadenmuskulatur und mache noch weitere Übungen. Dann nehme ich etwas von dem mitgeführten Franzbranntwein (für alle Fälle) und reibe die Beine ein, aber die Haare lasse ich dran! Beim Hochfahren zeigt sich, wie immens wichtig solche Ausgleichstätigkeiten sind. Es ist der einfachste Anstieg, den ich je gefahren bin, er ist zwar nicht so steil, aber aufgrund meiner gestrigen Gymnastik rollt es ununterbrochen, und ich brauche der Beine wegen keine Pause (durchwegs mindestens 10–11/teilweise 13–15!). Also wird jetzt jeden Abend gedehnt. Auf dem Paß überraschender Blick auf den Mont Blanc. Um 14.15 Uhr dann Abfahrt nach Morgex. Die Straße weist den besten Asphaltbelag auf, den es gibt. »Das ist ja wie geschleckt«, rufe ich aus und genieße endlich mal eine rüttelfreie Fahrt. Weiter unten sind die Italiener noch fleißig am Arbeiten, und zwar werden nicht nur kleine Stellen unzulänglich ausgebessert,

Auf dem Weg zum Kleinen St. Bernhard bestehen genügend Möglichkeiten zum Ausruhen...

nein, die ganze Straße wird aufgerissen, und ein ganz neuer Belag kommt drauf! Mir kommt es so vor, als hätte man mich insgeheim belauscht und sich mein Klagen über den Zustand der Straßen zu Herzen genommen. Der Kleine St. Bernhard ist für mich eine schöne Abrundung für den französischen Teil der Alpen und gleichzeitig eine gelungene Wiederbegrüßung in Italien. Morgen geht's auf den Colle San Carlo. Ein Radler hatte mir heute gesagt, daß es wegen des Prachtblicks auf das Mont Blanc-Massif einer der schönsten Pässe wäre.
Um 3.45 Uhr heißt es aufstehen! Mein Timer hat funktioniert, bzw. ich habe ihn gehört, und um Punkt 3 Uhr weckt er mich. Ich mache die Nachttischlampe an und sage mir: »Nur noch ein bißchen!« 45 Minuten später bin ich dann

richtig wach. Die vorbereiteten Sachen werden nochmals nachgeschaut, dann geht's in die Garage, das Rad holen, alles draufpacken. Lenkertasche, Schlafsack, Jogginghose, Sweatshirt, Regencape und zwei Beutel mit Eßwaren, einer davon ist vom Hotel mit Brot, Marmelade Honig, Nutella und Obst, also einer Art provisorischem Frühstück, gefüllt. So, also heute ist es soweit, die versäumt Nachtfahrt der Bonette nachzuholen. 4.15 Uhr bin ich startbereit. Die ersten Meter durch Morgex sind noch sehr gut ausgeleuchtet – kein Problem. Dann stehe ich vor dem steilen Beginn der San Carlo-Paßstraße. Sie führt geradewegs in den dunklen Wald. Der Blick zum Berg hoch zeigt *keine* Beleuchtung der Straße. Was soll's? Ich will vor Sonnenaufgang oben sein, und schon stehe ich mitten im Wald. Es ist sehr dunkel, und sogar das Licht des Sternenhimmels ist nicht auszumachen, da eine Nebelschicht auf 1700–1800 m alles verdeckt. Und um diese Uhrzeit dämmert der Tag noch nicht herauf. Ich warte eine gute Minute, ob und wie gut sich meine Augen daran gewöhnen und mich eventuelle Umrisse erkennen lassen. Aber es ergibt sich nichts, also mache ich meinen Dynamo an und starte. Da ich nur sehr langsam fahre, leiert er etwas, raunt in tieferen Tonlagen, und das flackernde Licht fährt Schlangenlinien auf dem Asphalt. Die feine Zerstreuung des Lichts aufgrund des gestreiften Glases beleuchtet die grauschwarze Umgebung in einer seltsamen Manier, und alles scheint sich ein klein wenig zu bewegen. Einige Bäume und Felsen, die man flüchtig anschaut, sehen aus wie furchterregende Tiere mit ebensolchen Gesichtern. Dazu interpretiere ich das unstetige Brummen meines Dynamos als Knurren irgendeines Tieres.»Nun werd nicht kindisch«, sage ich zu mir. Doch bei einer kurzen Rast, um mich zu sammeln, ist es vollkommen still und ich fühle mich gespenstisch beobachtet von einer phantasierten Anonymität. Egal, ob man ganz ohne Vorbehalt nachts in den Wald geht, von irgendwo kommen einem doch Gedanken an einen entfernten Abenteuerfilm mit teilweise erschauernden Szenen in den Sinn, und man ist auf einmal – wohl oder übel – der Protagonist in der Wirklichkeit! Dieser Effekt wird schließlich noch verstärkt, da man mit den Augen sehr wenig anzufangen weiß, die Ohren auf »Hochtouren« laufen und sehr viele unbekannte Geräusche verstärkt wahrnehmen, sie ans Gehirn weiterleiten und dort einige Schrecksituationen heraufbeschwören.

So ist es zum Beispiel, als ich mehrere Minuten in einem gleichmäßigen Rhythmus vorandringe, immer mit dem gewohnten Leiern des Dynamos. Plötzlich raschelt es sehr kurz und ruckartig im Gebüsch. Im ersten Moment bleibt mir fast das Herz stehen, und der Schweiß bricht mir aus. Anschließend komme ich mir recht albern vor, so reagiert zu haben, da doch nur ein kleines Tier aus Schreck und Furcht vor mir seinen Standort gewechselt hatte. Des weiteren trifft der schwankende Lichtstrahl meiner Lampe zufällig ein punktartiges Katzenauge am Wegesrand. Sind das jetzt hungrige Wölfe, die schon seit Jahren auf dich warten?...

Ich muß zugeben, daß ich sichtlich erleichtert bin, aus dem dichten Wald im unteren Teil herauszukommen und langsam Ansätze der Dämmerung zu bemerken. Mit dieser beginnt es dann erst richtig interessant zu werden. Es ist von einer außergewöhnlichen Schönheit, beobachten zu können, wie aus dem Schwarz, von einer Seite angefangen, alle Grautöne, die es gibt, nahtlos aneinandergereiht werden, sich hie und da immer etwas mehr Blau einschleicht und mit östlicher Blickrichtung alles abgerundet wird von unzähligen warmen Rot-, Rosa-, Orange- und Lilatönen. Ein solch großartiges Schauspiel an Farben, und das kostenlos jeden Tag und doch nie das gleiche! Man kann noch so viele Sonnenauf- oder Untergänge beobachtet haben, jedesmal sind sie von Neuem faszinierend und immer wieder gibt es da Variationen, sei es durch unterschiedliche Wetterlage oder anderen Standort.

Um 5.30 Uhr komme ich an eine dreigeteilte Wegeteilung mit Wegweiser. Ich fahre weiter geradeaus und erreiche nach 100–200 m den Paß »Colle San Carlo« – keine Aussicht! Nur Wald! Ich fahre zurück zum Schild und analysiere anhand der Karte, wo mich die beiden anderen Wege hinführen. Lago d'Arpi ist es bestimmt nicht (links), also nehme ich den rechten Weg, der mich nach einer weiteren Wegeteilung und einer Falschfahrt nach links zu einer Sendestation – keine Aussicht – rechts zur Testa d'Arpi führt – 2022 m, prächtige Aussicht! Ich bin zum idealen Zeitpunkt angekommen. Der Blick nach unten: ein riesiger Nebelteppich, durch den man schemenhaft Courmayeur und einige Straßen erkennen kann; nur die Autogeräusche stören den Gesamteindruck etwas.darüber das kolossale Mont Blanc-Massiv (links Mont Blanc, rechts Grandes Jorasses) im leichten grauen Dunst liegend, noch regelrecht kalt und starr. Im Osten verstärkt sich die rote Farbe, und kurz darauf beginnt der schönste Augenblick, für den ich hier hochgefahren bin. Urplötzlich verfärbt sich die oberste Eisspitze des Mont Blanc pastellfarben – ein hauchzarter Rosa-Lila-Ton. Die nächsten 15 Minuten sind leider viel zu kurz – zu gerne würde man diese Verfärbung länger auskosten. Die zarten Farbtöne, die durch den leichten Dunst noch weicher sind, werden zusehends intensiver, bis daß ein großer Teil der Eiskappe davon erfüllt wird, sich weiter verstärkt und einen regelrechten perlmuttartigen Glanz aufweist. Das Ganze wird fortgesetzt in etwas tieferen Eisregionen bzw. niedriger gelegenen Eisgipfel, und man kann mit dem Auge von rechts nach links wandern und die verschiedenen Stationen der Verfärbung mitverfolgen und genießen. Im Jahrbuch des Schweizer Alpenclubs 1902

beurteilt ein Bergsteiger die Situation bei einem Sonnenuntergang zur Nacht hin ähnlich:
»Währenddessen ist's Abend geworden, Sterne beginnen zu funkeln, noch glüht es leise um die Spitze des Combin, doch auch dieses verschwindet und immer mehr erscheinen die Sterne. Alles Anzeichen, auf einen folgenden schönen Tag zu hoffen. Der aufgehende Mond bescheint gespenstig die nahe Gletscherwelt, und lange steht man sinnend draußen, an das Geländer gelehnt, schaut und schaut, denkt an dies und das, nur nichts Böses, nichts vom Alltagsleben, die Natur hält dem sinnenden Menschen eine stille Predigt...« (Streifereien eines führerlosen Lichtbildners im Clubgebiet, von F. Eymann I. Aiguille du Tour, über Orny, S. 23, 24.)
Als dann die Sonne endgültig hinter den Bergen hervortritt und das Massiv voll ausleuchtet, löst sich auch der Nebel auf, und der Blick ins Tal wird möglich. Man kann die Straße von Pré St. Didier bis hinter Courmayeur und die letzte Kehre vor dem Tunnel verfolgen. Am besten sieht man natürlich die im Vordergrund liegende Kehre gleich bei Pré St. Didier. Ich schaue zu, wie sich die tonnenschweren Lastwagen hochquälen. Es ist ungefähr kurz vor 8.30 Uhr, als ein weißer LKW mit Anhänger aus Richtung des Tunnels auf diese Kehre zufährt. Ich schaue auch diesem LKW nach und von hier oben, 1000 m höher, sieht auch alles ganz normal aus. Doch in der Kehre beginnt er plötzlich zu schlingern, man hört die Reifen quietschen, und ich muß zusehen, wie der LKW umkippt und quer auf der Fahrbahn liegenbleibt. Ich springe auf, schlucke ein paarmal, glaube zu träumen und sage :«Das gibt's doch nicht, das ist nicht wahr.« Mir zuckt es in den Armen, so als könnte ich den Laster – er sieht so klein aus – wieder aufheben und ihm das Weiterfahren ermöglichen. Doch man sitzt da, vollkommen hilflos, und muß abwarten, was geschieht. Sofort staut sich der Verkehr von beiden Seiten. Nicht mal

fünf Minuten später ist schon die Polizei mit großen Spezialfahrzeugen angerückt, räumt das »Hindernis« beiseite, und der Verkehr läuft wieder reibungslos.

Nach insgesamt 7½ Stunden, in denen ich mich nur am Panorama sattgesehen habe, fahre ich um 14.30 Uhr wieder nach unten – andere Seite nach La Thuile wieder auf die Kleine St. Bernhard-Straße (zweites Mal), runter nach Pré St. Didier. Von hier radle ich schnell zu der Stelle mit dem umgekippten Laster. Wenn man so etwas aus der Höhe miterlebt hat, läßt es einen nicht mehr in Ruhe, und man muß es sich genauer ansehen. Es ist ungeheuer frappierend, den Laster dann vor sich zu haben, 18000 kg (oder mehr) auf der Seite liegend. Ich mache ein Foto, um später sicher zu sein, nicht geträumt zu haben.

Heute geht's erneut nach Aosta. 10.30 Uhr Abfahrt auf den Großen St. Bernhard. Ich hatte ihn vor zwei Jahren mit Volker (»Hallo Volle!«) bezwungen, von Martigny aus, und wir waren erst um Mitternacht oben angekommen und hatten an Ort und Stelle übernachtet. Der folgende Tag war sehr dunstig gewesen, so daß wir von diesem Paß recht wenig sahen.

Heute ist dies anders. Absolut klare Sichtverhältnisse und Sonne. Ich bin überrascht, was es da alles zu sehen gibt! Der Paß selbst ist, was die Steigungen betrifft, nicht schwer, nur der große Höhenunterschied (2000 m!) macht zu schaffen. Es zieht sich ins Unendliche, bis man oben ist. Auf jeden Fall bin ich erfreut, daß man die Straße auf italienischer Seite neu geteert hat. Die Italiener haben wirklich festgestellt, daß ihre Alpenstraßen in unmöglichem Zustand sind, und haben nun angefangen, sie von Norden nach Süden vollkommen auszubessern – 1. Straße: Großer St. Bernhard (fertiggestellt), dann 2 Straße: Kleiner St. Bernhard (zur Hälfte renoviert!), 3. Straße ??? Oder täusche ich mich? Vor zwei Jahren bestand der Belag hier aus unzähligen aneinandergereihten Betonplatten, zum Teil etwas weit auseinanderstehend oder um Zentimeter versetzt. Das Fahren,egal ob auf- oder abwärts, wurde zur Qual! So erkläre ich mir auch den starken Verkehr – nicht nur wegen des Sonntags! Kurz vor Erreichen der Paßhöhe überholen mich meine medizinischen Berater auf ihrer Rückreise von Lanslevillard mit dem Auto, die Räder auf dem Dach. Um 15 Uhr bin ich oben. Auf dem Paß eine unglaubliche Ansammlung von Touristen mit Reisebussen, und alle sind sie verrückt nach den scheußlichen Souvenirs mit Hundekopf! 30 Minuten danach rolle ich ziemlich schnell die nicht endenwollende Galeriepassage in Richtung Martigny entlang, weiter unten treffe ich wieder mal auf den allgegenwärtigen Gegenwind. Martigny mit seinem langen Straßennetz beschehrt mir eine umständliche Suche nach der Jugendherberge. Letztendlich finde ich sie und muß noch 45 Minuten warten, bis sie aufmacht. Ein Finne, der Englisch und Deutsch spricht, ist eine willkommene Ablenkung. Der Jugendherbergsführer ist tatsächlich eine Art »Führer«! Er hat eine Art, mit dem Gästen umzugehen, die unmißverständlich an ein Militärlager bzw. an historische Filmaufnahmen aus dem Zweiten Weltkrieg erinnert! Er ist in allem extrem genau und auf äußerste Sauberkeit bedacht – er hebt ein fast unsichtbares Papierstück auf, holt einen großen Papiereimer und wirft es demonstrativ rein. Er schaut im Nebenraum und will Licht ausmachen, obwohl Leute drin sind, und meint, eine Lampe genüge! Er weist den Platz, wo man zu schlafen hat, mit einem unmöglichen Militärbefehlshaberton an. Er hat alle Wasserhähne bis auf einen abgedreht, alle Toiletten bis auf eine geschlossen, etc. etc…

Zu Beginn des heutigen Tages regnet und gewittert es, also stelle ich mich unter die Überdachung im Bahnhof und warte ab. Währenddessen gesellt sich eine Brasilianerin zu

mir. Sie fragt mich etwas, doch ich verstehe herzlich wenig. Ich versuche, ihr mit meinem italienischen Vokabular (italienisch erachte ich als »brasil-ähnlich«) klarzumachen, daß sie langsam sprechen solle, eventuell könne ich etwas verstehen. Zu meiner Überraschung erwidert sie, daß sie Italienisch gebrochen verstehe und es auch »stückweise« rede, mit brasilianischen Akzent. Doch zur beiderseitigen Erleichterung würde sie auch etwas Englisch dazunehmen. So verständigen wir uns schließlich. Sie bittet mich, den Schaffner zu fragen, wann der nächste Zug nach Le Chable abfahre, dazu Angabe des Gleises, Preislage... – nun auf Französisch. Es gelingt mir, die komplette Auskunft zu erhalten und es mit italienisch-englischem Kauderwelsch und Gestik zu »übersetzen«. Alles wird noch interessanter und vielfältiger, als uns ein Ehepaar anspricht – sie Spanierin, er Portugiese... Es lebe die internationale Kommunikation oder: sowas kann einem auch nur in der sprachbegabten Schweiz passieren...
Ich entschließe mich, um 11.30 Uhr in Richtung Brig loszufahren. Unterwegs viel Regen! Ich treffe ein italienisches Ehepaar auf ihrer Hochzeitsreise! Giro: Riviera – Côte d'Azur – franz. Rhônetal – Schweiz – Morbegno. Sehr sympathische Unterhaltung (sie sind schon die Tour de Suisse und die Austriarundtour gefahren und demnach sehr schnell – 40km/h)! In Visp übernachte ich in der Jugenherberge.
Am anderen Morgen gemeinsamer Start um 8.20 Uhr mit dem italienischen Ehepaar. In Brig geht jeder seiner Wege, sie fahren zum Furka-, ich auf den Simplonpaß. Vor zwei Jahren waren Volker (»Hallo Volle«) und ich sehr begeistert von der Abfahrt nach Brig (»die beste und schnellste, die es gibt«) – für mich hieß es nun, da hochzuradeln. Leider ist dies kein Vergnügen für einen Kehrenliebhaber wie mich. Die Steigungen sind sehr lang, zwar nicht steil, aber eben

ohnmächtig lang. Das hier wäre übrigens was für Rennradler, die eine Trainingsstraße brauchen. In der langen Tunnelgalerie vor dem Paß pfeife ich so laut es geht – es hallt so schön nach und vertreibt die Zeit. Ein Teilstück ist seitlich mit Fensterglas abgeschlossen, und ein Vogel sitzt erschöpft am Fuße eines Fensters. Er hat sich wohl hierher verirrt und ist nun dem tückischen Glas erlegen (Licht kommt rein, aber kein Durchlaß für »Gegenstände«...). Kurzerhand stelle ich das Rad ab, gehe zu dem Vogel, mache keine unnötig erregenden Bewegungen und halte ihn gleich darauf in meinen Händen. Er läßt mich gewähren, da er wohl sehr müde vom Suchen des Ausgangs ist. Ich laufe etwa 100 m zurück, hier endet die Verglasung, und hebe meine Hände ins Freie. Er fliegt sofort los, kreist nochmals über mir mit frohlockendem Gezwitscher und verschwindet.

Wieder beim Rad folgen gleich die restlichen 1–2 km zum Paß. Oben Nebel und überraschenderweise sehr kalt. Also bin ich sofort parat für die einstündige Abfahrt und komme um 13.30 Uhr nach Domodossola. Tendenz fallend, nur zwei, drei kleine Anstiege. Ab Domodossola bis nach Verbania bringt mich ein immens starker Gegenwind (je nach Streckenführung auch als Seitenwind) zur Verzweiflung. Zu seiner Unterstützung verläuft die Straße auch noch schnurgerade, damit »er« seine Kraft voll ausfahren kann – frontal auf mich zu...

Am Lago Maggiore bin ich so ausgelaugt wie selten zuvor. Doch zu meiner Freude beflügelt mich jetzt Rückenwind. Er bläst noch von der gleichen Seite, nur meine Fahrtrichtung hat sich geändert. Dies ist ein toller Ausklang für den heutigen Tag, aber auch für den zweiten Abschnitt meiner Tour. Von Intra nach Ascona durchfährt man den schönsten Teil der Seeuferstrecke des Lago Maggiore. Um 18 Uhr treffe ich bei der Verwandtschaft ein. Hier mache ich einen ausgedehnten »Treturlaub«.

Tagesausflug zum Lago del Naret

8. Etappe: Ascona – Lago del Naret – Ascona; 128,8 km – 2120 Hm – 1 Tag
Nach fast zwei Wochen Erholungspause stimme ich mich allmählich wieder aufs Radfahren ein und beschließe, am heutigen Tag zum Lago del Naret zu fahren. Die Wetterlage ist während dieser Zeit hier immer konstant gewesen – ausschließlich Sonne. Also geht's gleich hinein ins Maggiatal. Seit meiner Kindheit war ich mit Verwandtschaft und Familie immer zum Baden in dieses Tal gekommen, also war es für mich heute von besonderem Reiz, hier mit dem Rad zu fahren und gleich noch bis zur Quelle des gleichnamigen Flusses. Vor zwei Jahren bin ich mit meinem Onkel und Volker (»Hallo Volle – Du auch *hier?*«) mit dem Auto bis nach Bignasco gefahren und weiter nach S. Carlo, um den Monte Basodino (3274 m) zu besteigen. Die fehlenden gut 30 km des Maggiatals bis ganz oben sind also Neuland. Von Ascona bis nach Bignasco ist es reine Formsache, da der Weg keinerlei nennenswerte Steigung aufweist. Die Landschaft zeigt schönste Tessiner Landschaft und liebliche Vegetation.
Dann kommt ein erster Anstieg, der aber gut zu vertragen ist, da es zwischendurch immer wieder abebbt. Gleich darauf folgt eine wunderschöne Serpentinenanlage bis Fusio und weiter zum Lago Sambuco (Stausee). Während dieser Auffahrt wechselt die Flora fast abrupt in gewohnte Berglandschaft mit Tannen und anderen Nadelbäumen. Am See entlang können sich die Beine entspannen. Prompt steigt dann auch schon die Straße sehr steil an, ich schätze auf mindestens 15–16%! Wiederum folgt eine kurze »Entspannung« der Straße, ehe der letzte Serpentinenanstieg beginnt. Jetzt endlich wird man auf einer sich am Hang entlangschlängelnden, sehr steilen Straße aus dem Talbo-

Bevor die nächste steile Steigung ansteht, können sich die Radlerbeine entlang des Lago del Sambuco auf herrlich zu fahrender Straße entspannen.

den herausgeführt. Auf den letzten ca. 4–5 km fühlen sich meine Beine nun ziemlich saft- und kraftlos an. In solch einer Situation sehnt man hinter jeder Kurve den Kulminationspunkt herbei, aber er kommt und kommt nicht... Dann endlich, nach 5½ Stunden Radfahren, aufgeteilt in 30 km Ebene und ca. 30 km Steigung mit über 2000 Höhenmetern, erwartet mich hier oben ein tolles Rundpanorama und ein steifer kalter Wind. Schnell umziehen, »was einwerfen« und ein windgeschütztes Plätzchen suchen (und finden). Dann hinsetzen und ein breites »Aah«. Ein zufriedener Radfahrer bei seiner Siesta. Der Blick schweift an den nahen Bergketten vorbei – in Gedanken läuft man da oben – und reicht im Osten bis zum Adulamassiv (wo es übermorgen näher vor-

Bei der Auffahrt zum Lago del Naret garantieren riesige Nadelbäume reichlich Schatten und fügen sich harmonisch in die abwechslungsreiche Flora ein.

Die Aussicht auf stark verwitterte Bergspitzen vom Lago del Naret aus ist ein Genuß, der selbst durch lautstarke Schießübungen des Schweizer Militärs nur wenig getrübt wurde.

beigeht). Jetzt Karte zur Hand, und mein Puzzlespiel beginnt. Hier liegt Airolo und Gotthardpaß, dahinten ist der Nufenen... Währenddessen hört man ständig das Schweizer Militär bei Schießübungen am Gotthard, »daß es nur so kracht«. Dann aber mischen sich natürliche Donnerklänge dazu, wie im Wetterbericht für die Nordschweiz vorhergesagt. Allerdings bleibt der Süden – traditionsgemäß – davon verschont, aber ich befinde mich im nördlichsten Teil des Tessins, und da kann ja am Rande mal was vorbeiziehen... Also los geht's, und wie ich mich freue auf »meine« Serpentinen... 15 Uhr Abfahrt, 18 Uhr Ascona. Dieser Ausflug zählt zu einer meiner schönsten Fahrten in den Alpen. Im ganzen Aufbau werde ich stark an den Nivoletpaß erinnert, nur hat es mir dort noch etwas besser gefallen. Auf jeden Fall ist die Straße am Naretsee vorbei von besonderem Reiz für Naturliebhaber, die Ruhe suchen.

Abschied von den Alpen – nicht für immer

Die letzten Pässe

1. Etappe: Ascona – Disentis – Hospental – Glarus; 271,2 km – 4840 Hm – 3 Tage
Heute ist es nun soweit: die Rückfahrt beginnt. Das Ganze hat aber einen bitteren Beigeschmack. Als ich damals von hier zur zweiten Etappe aufgebrochen war, hatte ich meinen Eltern gebeten, meine Tasche mit schon aussortierten Dingen (Kleider, volle Filme, Postkarten etc.) im Auto mit nach Hause zu nehmen. Leider war dies nicht geschehen – also eine Woche lang »Umzugssituation« auf dem Rad mit mehr als 30 kg Gepäck. 9.30 Uhr Aufbruch, und wie wackelig! Na ja, bis nach Biasca ist es durchwegs eben. Auf diesem Teilstück versuche ich, mit dem gepäckbeladenen Rad sicherer zu werden. Wenn die Straße vollkommen frei ist, fahre ich Schlangenlinien, um die seitlichen Schwankungen kennenzulernen. Nach Biasca wird es ernster, und bis nach Olivone verläuft es recht lebhaft, manchmal ziemlich steil.
Um die Alpen nach Norden hin zu überqueren, habe ich mich nicht für meinen »Hausberg«, den St. Gotthard, entschieden, sondern wähle die zwar längere, aber landschaftlich wesentlich reizvollere und verkehrmäßig entschieden ruhigere Variante über Lukmanier und Oberalp. Nebenbei erwähnt, hat diese Paßfolge für mich einen besonderen Reiz, konnte ich bei zwei vorherigen Ausflügen hier nicht fotografieren, da beide Male der Film gerissen war! Also auf ein Neues…

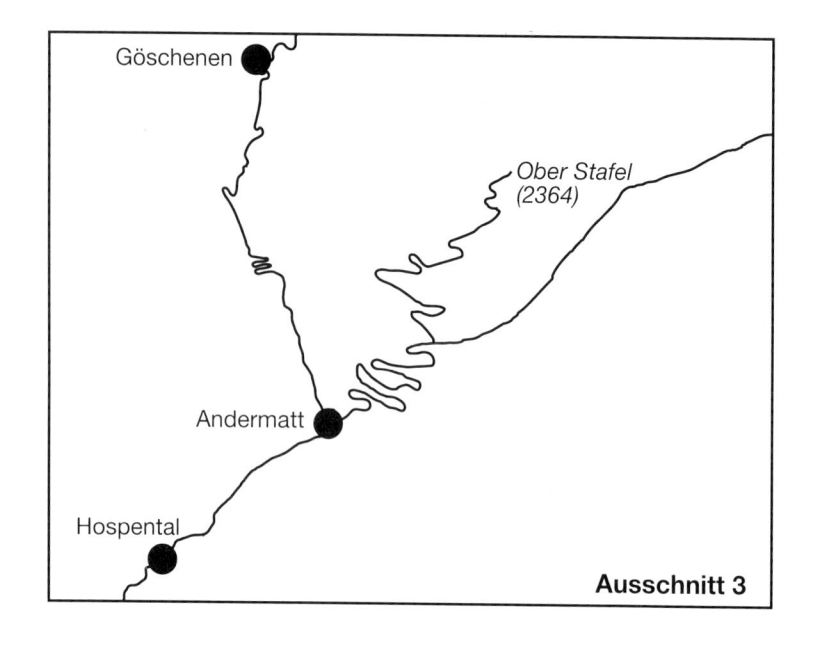

```
Göschenen  ●

         Ober Stafel
         (2364)


Andermatt  ●


Hospental
      ●
                              Ausschnitt 3
```

Nach Olivone beginnt für mich der zweifellos schönste Teil des Passes. Die dem Adula vorgelagerte Bergkette, die von unten so imposant anzuschauen ist, verliert immer mehr an Bedeutung, weil das dahinterliegende mächtigere Massiv der Adula zum Vorschein kommt, ja es scheint sich zu einer vom Rheinwaldhorn gekrönten Bergkette zu vereinigen. Weiter bergauf geht es dann durch idyllischste Landschaft, die noch völlig unverbraucht aussieht. Auf den letzten Kilometern vor dem Paß fegt mir plötzlich ein starker Gegenwind entgegen, zudem ist es auch ungewöhnlich kalt. Man merkt deutlich, daß sich der Sommer hier oben Ende August verabschiedet. Bei der Abfahrt nach Disentis bekomme ich das erste Mal während dieser Tour kalte Füße und Zehen! Froh bin ich, unten anzukommen, nicht nur weil es wärmer ist – nein –, die erste gepäckreiche Abfahrt

Die Heimfahrt fiel in mehrfacher Hinsicht schwer. Nicht nur aufgrund der zusätzlichen Satteltasche, die eigentlich hätten per Auto nach Hause vorausreisen sollen…

Bei solchen Panoramablicken wie hier von Oberstafel aus verweilt man gerne und die Weiterfahrt fällt schwer.

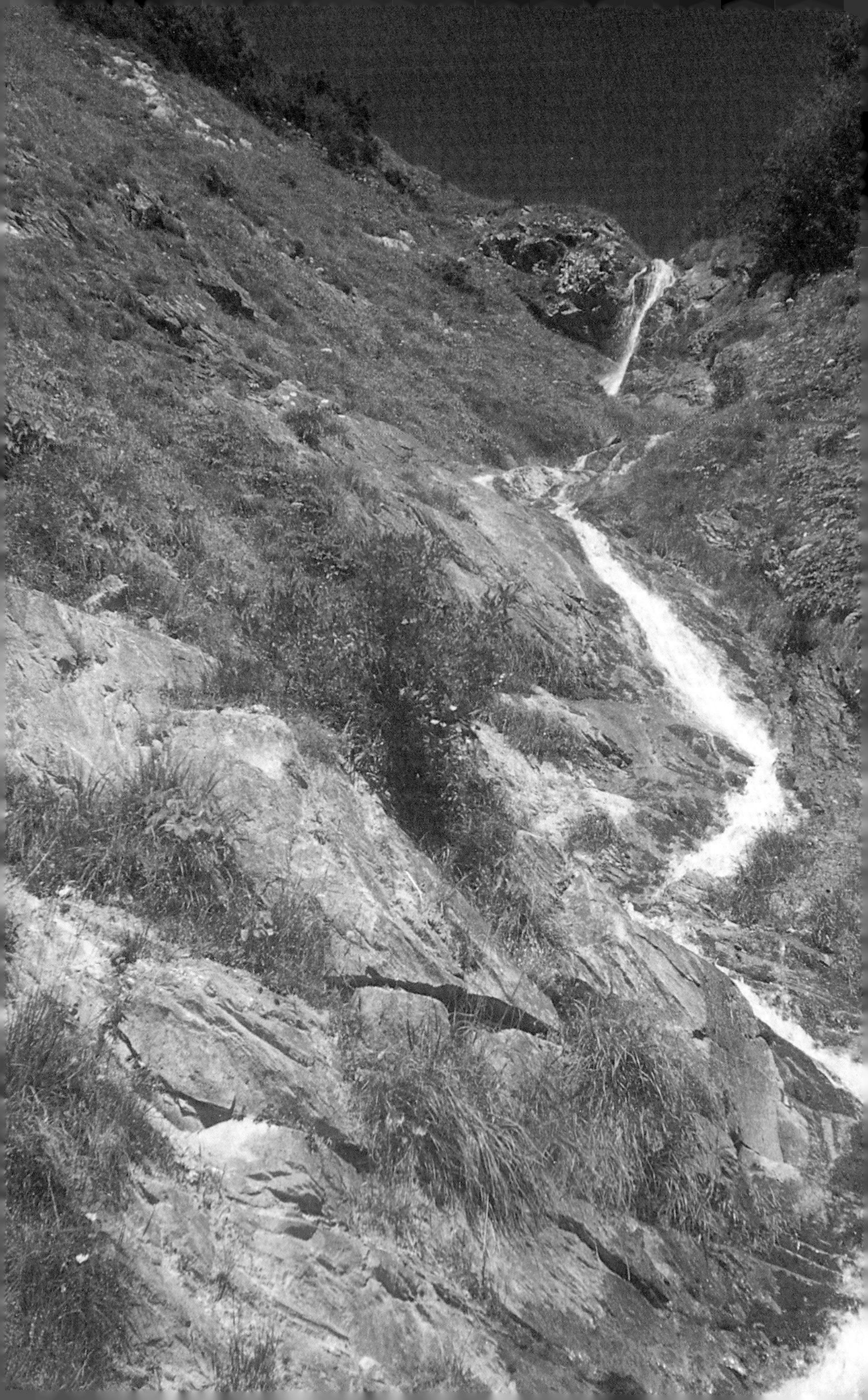

...aber der Entschluß steht fest: Ich komme wieder!

ist geglückt, was ich von den nächsten zwei Tagen auch erhoffe. In Disentis finde ich eine preiswerte Pension am Ortsausgang in Richtung Chur.
Der heutige Tag wird direkt erholsam werden, da die Steigungsverhältnisse am Oberalp keine besonderen Herausforderungen bedeuten. Schnell bin ich oben und lege mich so richtig faul in die Sonne. Danach erster Teil der Abfahrt und Abbiegen zu einer geschotterten Straße auf 2364 m (Oberstafel) mit Prachtblick nach Westen! Um 16.45 Uhr geht es wieder runter, und 45 Minuten später erreiche ich Hospental, wo ich für 8,50 Schweizer Franken (sfr) in der Jugendherberge übernachte.
Am nächsten Morgen ist Andermatt mein erstes Ziel. Hier wird nach Einkauf in einer Bäckerei gefrühstückt. Danach

Einen »natürlich berauschenden« Abschied der Sommer-Alpentour bildet der Klausenpaß...

folgt die schöne, allzubekannte Abfahrt bis nach Amsteg und weiter auf ebener Strecke nach Altdorf. Nun habe ich noch den Anstieg zu meinem letzten Alpenpaß vor mir. Es beginnt recht steil und dies anhaltend. Die Natur berauscht mich mit geradezu endlosen sattgrünen Almen. Vor Unterschächen jedoch ärgert mich wieder mal, daß man etliche Höhenmeter umsonst hochgefahren ist – runter geht's! Dann aber endlich die letzten 12 km über zwei riesige Kehren. Nach einem Tunnel wird es sehr interessant, da man die Straße recht kühn an die steile Wand gebaut hat; schöne Aus- und Tiefblicke sind das Ergebnis. Um 15 Uhr bin ich oben. Wiederum Räkeln in der Sonne. Jetzt kann ich es mir erlauben! Nach anderthalb Stunden beginnt die Abfahrt. Sie gliedert sich in zwei Serpentinenteile, die durch den flachen Urnerboden miteinander verbunden werden. Zur Rechten sieht man noch die ungeheuren Ausmaße der Sturmschäden vom Frühjahr 1990. Der zweite Serpentinenabstieg ist atemberaubend zu fahren, ich sage nur »Motorradfeeling«. Bis nach Glarus gemütliches Ausrollen.

Im Ort selbst suche ich dann nach einer Übernachtungsmöglichkeit. Es gibt keine Pensionen, nur recht teure Hotels, die billigsten für 30–35 sfr sind besetzt. Ich kann mir das sowieso nicht leisten, weil ich im Geldbeutel nur 45 sfr und vergessen habe, auf die Bank zu gehen. Es muß also etwas Preiswertes gefunden werden, damit der folgende Tag finanziell geregelt ist. Ich erkundige mich nach Campingplätzen, aber Fehlanzeige. Ganz einfach fahre ich zum Freibad, um zu fragen, ob ich dort schlafen kann. Der junge Mann verneint zwar, denn nachts fehlt hier die Aufsicht, organisiert mir aber in einem Jugendlager eine Übernachtung. Kostenlos! Damit bin ich vollends zufrieden und wäre froh, wenn ich jeden Tag so etwas finden würde.

Eine Tour geht zu Ende

2. Etappe: Glarus – Berikon – Basel – Kehl – Speyer; 462,4 km – 850 Hm – 5 Tage
Gemäß der Wettervorhersage naht ein Tief, das noch am späten Vormittag zu spüren sein soll. Das heißt für mich reintreten: Glarus – Zürich – Berikon. Die Strecke ist recht eintönig zu fahren, lediglich vor Zürich ein intensiver Schokoladengeruch, eine bekannte Firma läßt mich als Schokoladennarren aufleben. In Berikon verbringe ich einen Tag bei Schweizer Freunden.
Die heutige Fahrt führt über Bremgarten, Lenzburg und Aarau. Jetzt beginnt der Anstieg zur letzten Anhöhe meiner Reise. Er führt über die Staffelegg (621 m), und das recht schnell. Bei der Abfahrt, das letzte Mal über 60 km/h, beschleicht mich ein wehmütiges Gefühl... Dann geht es dicht an der schweizerisch-deutschen Grenze über Rheinfelden, mit einem kurzen Abstecher bei einem Schweizer Freund (Peter Dahint:»kurz aber intensiv«), nach Basel. In der dortigen Jugendherberge mache ich Bekanntschaft mit einem Schweden, der mich sehr beeindruckt. Er ist mit seinem Rad von seiner Heimatstadt Kiruna, einer der nördlichsten Städte Schwedens, gestartet. Über Dänemark und Deutschland ist er nach Basel gekommen. Seine weitere Route: Durch die Schweiz und Italien (Turin) an die Riviera, weiter zur Côte d'Azur (Frankreich), an der spanischen Küste entlang nach Gibraltar, mit der Fähre übersetzen nach Marokko, durch Algerien, Tunesien, Libyen, Ägypten, Israel, den Libanon, Syrien, Türkei, Griechenland, Albanien, Jugoslawien, Österreich, CSFR, Alt-DDR (!) und Dänemark wieder nach Hause. Ungefähr Ende Sommer 1991 möchte er wieder in Kiruna eintreffen. Nun staune ich nicht nur über die Route, die er mir zeigt, nein, das Phantastische

ist seine Ausrüstung! Er hat ein 12-Gang-Ultraleichtrad, an dem sich als Gepäck lediglich eine Lenkertasche befindet! Darin hat er eine lange Hose und ein Sweatshirt zusammengelegt, des weiteren zwei Landkarten und Papierkram... Am Lenker hat er ein Paar Sandalen hängen. Zum Radfahren hat er nur eine Radhose, ein Trikot und Schuhe mit Bindung dabei. Ich frage ihn, wie er diese Radtour finanziere, auch wenn er mal eine Panne habe. Er sagt mir, daß er unterwegs Arbeit suche, wenn es mit dem Geld nicht reichen würde, bei einem Defekt am Rad würde er sich was einfallen lassen... Da steht er vor mir, und ich weiß nicht, ob ich träume oder wache. Auf jeden Fall schicke er mir eine Karte, verspricht er am nächsten Morgen und rollt los...

Auch ich mache mich am nächsten Tag auf den Weg. Raus geht's aus Basel, doch sehr umständlich. Ich werde das Gefühl nicht los, daß man im Kreis rumgeführt wird. Dann endlich wird in Richtung Norden geradelt. Vor Schliengen genieße ich nochmal einen guten Kilometer steile Abfahrt (60 km/h!). Bei Bad Krozingen Abzweig nach Breisach und um den Kaiserstuhl herum. Ich bin in Gedanken noch bei dem unbekümmerten Schweden vom Vortag, als ich beim Provianteinkauf erneut mit Radfahrern bekannt werde. Es handelt sich um ein Hamburger Ehepaar, das auf dem Weg nach Zermatt ist. Eigentlich eine normale Begebenheit, doch vor mir stehen zwei betagte Menschen, die mir stolz verkünden, daß sie beide schon über 70 sind! Ich bin tief beeindruckt. Als sie weiterfahren, schaue ich ihnen noch lange nach, bis sie am Horizont verschwinden. Ob ich in 50 Jahren auch noch meine Radtouren machen werde?

Um 8.20 Uhr starte ich von Kehl aus zur letzten Etappe meiner Tour. Bei der Ortschaft Linx erreiche ich die 5000-km-Grenze und kaufe ein (Schlemmerei!). Dann über Rastatt und Karlsruhe nach Germersheim (15.30 Uhr), um

Christian Klein zu besuchen, meinen fotografischen Berater. Erste Erlebnisse werden erzählt. Um 18.30 Uhr fahre ich endgültig Speyer entgegen. Nach einer Stunde komme ich an und besuche Volker (»Hallo Volle« – nun wirklich). Während unserer Unterhaltung meint er plötzlich: »Du Marc, ich hab da einen Bericht gelesen, da gibt es einen Radweg, der durch Schweden führt...« So entstehen Radtouren!
Auf den letzten Metern kommt es mir vor wie im Traum. Ist es wirklich wahr, ist die Idee, die ich vor zwei Jahren hatte, tatsächlich realisiert? Ich kann es kaum glauben. Die Straße, auf der ich gerade fahre, ist mein Schulweg, auf dem ich jahrelang dahingerollt war! Doch ein Blick aufs vollbepackte Rad genügt: Es ist wirklich eine Radtour, die zu Ende geht, nicht ein Schultag!

Ein kleines Resumé oder: »Zahlenspiele«

Die längste Tagesetappe war am 24. Tag: 190,3 km
Die kürzeste Tagesetappe war am 15. Tag: 30,5 km
Anzahl der Tage über 100 km: 19
Anzahl der Tage unter 100 km: 39
»Ruhetage« ohne Tagesleistung (freiwillig oder zwangsweise): 20
Die meisten Höhenmeter an einem Tag: 2205 Höhenmeter (Tag 49)
Der längste ununterbrochene Anstieg an einem Tag: 2120 Höhenmeter (Tag 69)
Im Schnitt gefahrene Kilometer
– mit »Ruhetagen« (78 Tage berechnet)   65,7 km/d
– ohne »Ruhetage« (58 Tage berechnet)   88,3 km/d
Im Schnitt bewältigte Höhenmeter
– mit »Ruhetagen« (78 Tage berechnet)   871 Hm/d
– ohne »Ruhetage« (58 Tage berechnet)   1171 Hm/d
Insgesamt: 5121,4 km (das entspricht der Strecke Zürich-Moskau-Zürich) und 67920 Hm (das entspricht der Höhe, die man haben muß, um in sich der Ionospäre zu befinden (60–80km) oder fast der 7,7fachen Höhe des Mount Everest (8848 m)...)
Wenn ich die ganze Tour mit dem Fahrrad hätte fahren können, wären das mehr als 5600 km und ca. 75000 Höhenmeter gewesen.

Durch die Alpen in Eis und Schnee

Vor Stürzen wird gewarnt

Route: Mannheim – Davos (Zug) – Zernez – St. Moritz – Tiefencastel – Thusis – Hinterrhein – Locarno – Ascona; 252,1 km – 2620 Hm – 7 Tage
Obwohl ich eigentlich nicht gerne mit der Eisenbahn in die Alpen fahre, um »mittendrin« – ohne Einfahrzeit – mit dem Rad zu starten und gleich Steigungen in Angriff zu nehmen, stehe ich um 7.10 Uhr morgens am Mannheimer Hauptbahnhof und warte auf den Zug. Ein eisiger Wind bläst um meine Ohren. Zwischendurch eine Ansage über die Lautsprecher – mein Zug hat Verspätung: um 7.31 Uhr trifft er schließlich ein. Kurze Verabschiedung von meinem Vater, der mich doch recht seltsam anschaut. »Und paß bloß auf, daß du nicht stürzt!« »Ja, ich passe auf.« Der Zug rollt los. Ich finde einen Fensterplatz in Fahrtrichtung, die Radtasche, der Schlafsack und die Campingmatte liegen neben mir. Ich hole den Reiseproviant hervor. Während ich esse, fragt mich ein seriöser Herr um die sechzig: »Sagen Sie, wenn ich mich nicht täusche, ist das eine Radtasche. Welches südliche Land möchten Sie denn bereisen?« Der arme Mann, wenn er wie ich gerade essen würde, er würde sich bestimmt verschlucken! »Wissen Sie, ein südliches Land – im Sinne von wärmerer Gegend – möchte ich eigentlich gar nicht bereisen. Ja, ich fahre in Richtung Süden. Meine Endstation heißt Davos.« »Aber Sie möchten doch dort nicht radfahren um diese Jahreszeit, oder?« Als ich ihm sage, daß ich dies tatsächlich vorhabe, schüttelt er ein paarmal den

Kopf, fragt nur noch sporadisch und läßt das Gespräch dann »abbröckeln«. Auf jeden Fall wünscht er mir viel Glück, und »hoffentlich stürzen Sie nicht« heißt es am Schluß.
Ich schaue aus dem Fenster, draußen ist es noch dunkel. Also widme ich mich meiner Reiselektüre – einem Raderlebnisbericht – »Mit dem Fahrrad in die Türkei. 6000 km von Polen bis Kurdistan«, von Herbert Lindenberg. Ein Land wie dieses hätte sich der gute Mann wohl eher vorgestellt, als er mich ansprach. So vergeht einige Zeit mit Lesen. Dann fängt es an zu dämmern. Es ist ein dunstiger Tag. Die Schneemengen halten sich auf der Fahrt nach Basel in Grenzen. In Basel dann umsteigen in den gegenüberstehenden Zug. Im Abteil herrscht drückende Hitze. Ich setze mich wieder ans Fenster und öffne es. Die kalte Luft tut sehr gut.
Auf dem Weg nach Zürich geht es durch den Jura. Hier liegt wesentlich mehr Schnee, und mir kommen Bedenken, wie das erst in den Alpen werden wird. Einige Straßen sind noch stark mit der weißen Pracht bedeckt, und die ganze Vegetation stöhnt wohl unter dieser Last. In Brugg fängt es dann noch an zu schneien. Die verhangenen Berge versprechen keine Wetterbesserung. Trotzdem vertraue ich der Telefonansage der letzten Tage: »Flüela und Julierpaß frei befahrbar.«
Zürich, 11 Uhr; wie schnell man doch mit dem Zug ist, wenn ich daran denke, daß die Strecke Basel-Zürich mit dem Rad eine Tagesetappe ist.
Auch bei der Weiterfahrt fällt der Schnee ununterbrochen weiter und läßt die Schneedecke wachsen. Bevor es am Walensee vorbeigeht, ertönt eine weibliche Stimme im Lautsprecher: »Wegen technischer Mängel hat der Zug einige Minuten Verspätung. Wir bitten Sie um Verständnis.«
Was soll das heißen? Die wollen nur nicht zugeben, daß der nächste Bahnhof zugeschneit ist und sie jetzt einen Schnee-

pflug vorspannen müssen... Nach einer Viertelstunde geht es langsam weiter, aber nach 100 m bleibt der Zug wieder stehen, zwei Minuten stehen, 100 m fahren, zwei Minuten stehen...
Um 13 Uhr treffen wir endlich in Landquart ein. Der nächste Zug nach Davos fährt erst in 40 Minuten. Aufgrund der Verzögerungen während der Fahrt hatte ich den vorherigen Anschluß nicht mehr erreicht.
Fast jeder, der auf die Verbindung nach Davos wartet, hat Skier oder sonstige wintersportmäßige Ausrüstung bei seinem Reisegepäck. Ich komme mir schon ein wenig komisch vor und sehe mich kritisch musternden Blicken ausgesetzt. Zuerst schaut man meine Radtasche an, dann den Schlafsack, die Campingmatte und zuletzt mich. Darauf große Augen, ungläubiges Kopfschütteln, mitleidiges Lächeln, ratlose Gesichter. Tja, ein echter Radfahrer scheut eben keine Jahreszeit!
Die Fahrt nach Davos hoch ist wunderschön. Zudem lichtet sich die »Waschküche« auf halbem Weg, und erste Sonnenstrahlen kitzeln meine an den Dunst gewöhnten Augen. Der letzte Anstieg von Klosters nach Davos ist von der Sonnenseite abgewandt und verläuft größtenteils durch tiefverschneiten Wald – wie im Märchen –, abschnittsweise mit tollen Tiefblicken. Auf der Anhöhe des Wolfgangpasses sonnendurchfluteter Ausblick über den Davoser See nach Davos. Ich bin sehr erfreut darüber.
In Davos-Platz heißt es aussteigen – ich bin da! Sofort gehe ich in den Bahnhof zur Gepäckausgabe. Der Beamte fragt sofort: »Aha, Sie sind also der Velofahrer, wo soll's denn hingehen?« Ich gebe kurz meine Reiseroute zum besten. Er schaut mich nur entgeistert an und meint: »Na dann, viel Spaß, aber seien Sie vorsichtig wegen der glatten Stellen auf den Straßen, wenn Sie da ausrutschen...« Ich schweige, packe meine Sachen aufs Rad und verabschiede mich.

Zuerst rufe ich von einer Telefonzelle aus meine Verwandtschaft an, da ich in etwa einer Woche bei ihr sein will. Es meldet sich mein Onkel. Das Gespräch ist Nebensache – der Schlußsatz lautet: »Alles Gute, bis bald und nimm' dich in acht vor Stürzen!« Nachdenklich verlasse ich die Telefonzelle. »Scheint doch nicht von ungefähr zu sein, wenn mich alle vor Stürzen warnen«, denke ich, nehme das Fahrrad und will aufsteigen. Ein paar ungelenke Bewegungen, das Fahrrad liegt flach, und ich sitze auf dem Boden! Ich lache mit ausgiebigster Lautstärke und muß dabei ein ausgesprochen lächerliches Bild abgeben. Umstehende Passanten und Skifahrer schauen mich nur blöd an, und ich kann ihnen ihre Gedanken im Gesicht ablesen. Nein, ihr könnt da überhaupt nicht mitreden, ihr wißt gar nicht, warum ich so lache, warum ich hier sitze, warum ein Fahrrad neben mir liegt...

Ich stehe auf und entschuldige mich in Gedanken beim Fahrrad für die unsachgemäße Behandlung. So, jetzt aber los zur Jugendherberge nach Wolfgang. Auf diesen ersten 5,8 km des »Winterdaseins auf dem Rad« gelingt es mir, etwas Sicherheit auf dem »radfahrerfeindlichen« Belag zu erlangen. Die Jugendherberge hat glücklicherweise mit dem heutigen Tag ihre Türen für die Wintersaison geöffnet. Der Jugendherbergsvater sagt zu mir: »Wenn Sie ein paar Skier haben, Sie können die im Skiraum unterstellen.« Fast verlegen frage ich wegen meines Fahrrads. Ein Erstaunen huscht über sein Gesicht: »Ein Velo? Jo nai, wo git's dönn so öbis?« (Wo gibt es denn so etwas?) Wir kommen zu einer toleranten Einigung. Im Zimmer mache ich Bekanntschaft mit zahlreichen Langlauf- und Alpin-Skifahrern. Wenn man sich mit denen etwas intensiver unterhalten kann, besteht die Möglichkeit, die Beweggründe für die aktuelle Radtour zu erklären und verständlicher zu machen. Einer von ihnen ist so angetan, daß er am liebsten sofort mitmachen würde –

Eine Wiese mit blühendem Mohn, prächtige Pinien am Straßenrand und ein Blick auf bewaldete Höhen – der Radfahrer hat Muße, solche Szenerien zu genießen.

Die Belohnung vieler anstrengender Auffahrten sind herrliche Panoramablicke – wie hier am Weißfluhgipfel, die zum Verweilen einladen.

Bei der Abfahrt vom Kleinen St. Bernard konnte der Autor aus der Höhe einen spektakulären LKW-Unfall miterleben. Menschen kamen nicht zuschaden, aber das Ergebnis war »umwerfend«.

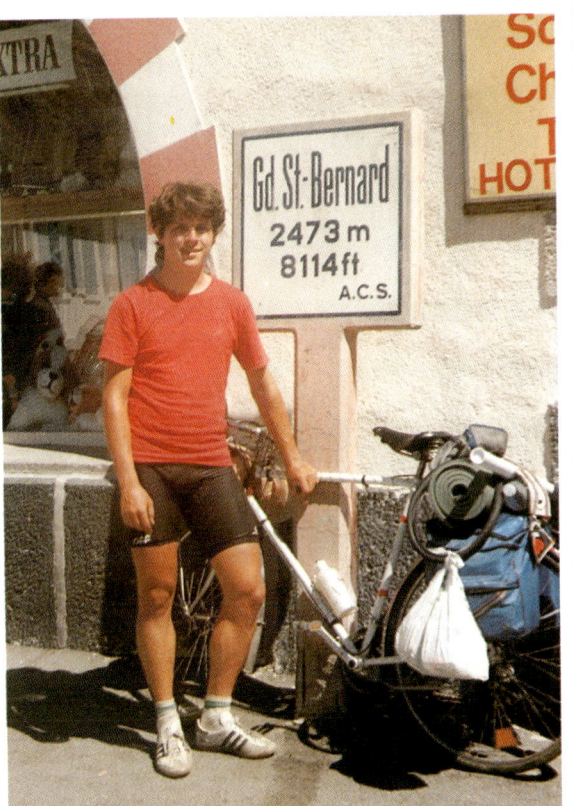

Ein Felsmassiv wie am Toten Meer bietet sich dem Betrachter am Col de la Cayolle dar.

Eigentlich ein schöner Paß – leider ist man hier auf den Hund gekommen, was den Touristenrummel anbelangt.

Die türkisblaue Farbe des Lago Agnel, in dem sich die umgebende Bergwelt widerspiegelt, ist ein echter Augenschmaus.

So macht fahrradfahren Spaß – die Straße »fährt« kurz vor dem Hochtortunnel über die Wolken hinaus.

Am Col d'Allos liefert eine Oldtimerrallye willkommene Abwechslung.

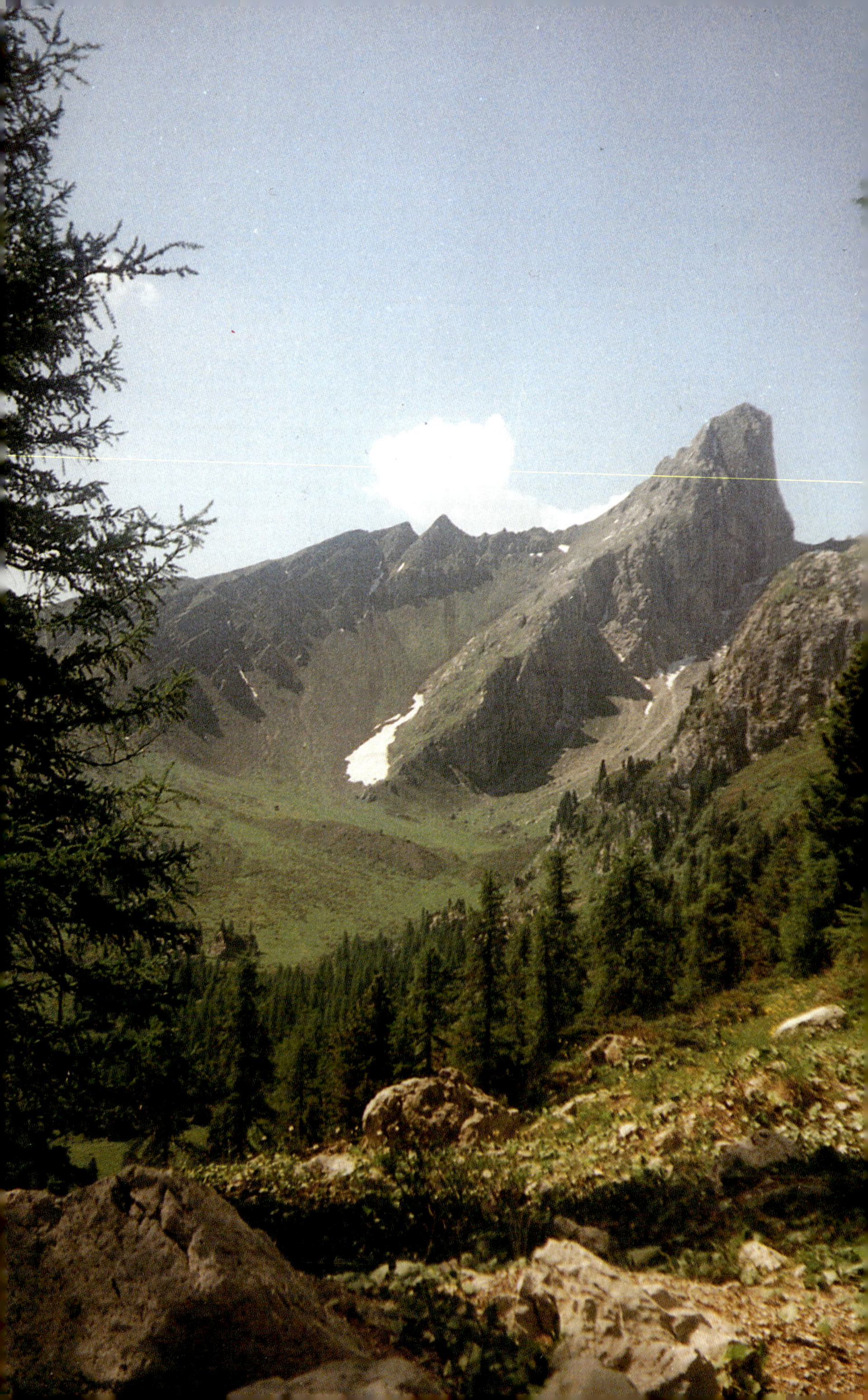

Rückblick auf die Klausenstraße: wer hier als Radler mit Höhenambitionen nicht auf seine Kosten kommt, ist selber schuld.

Auch in den Alpen muß man schon Glück haben, um einem Steinbock so nah zu begegnen.

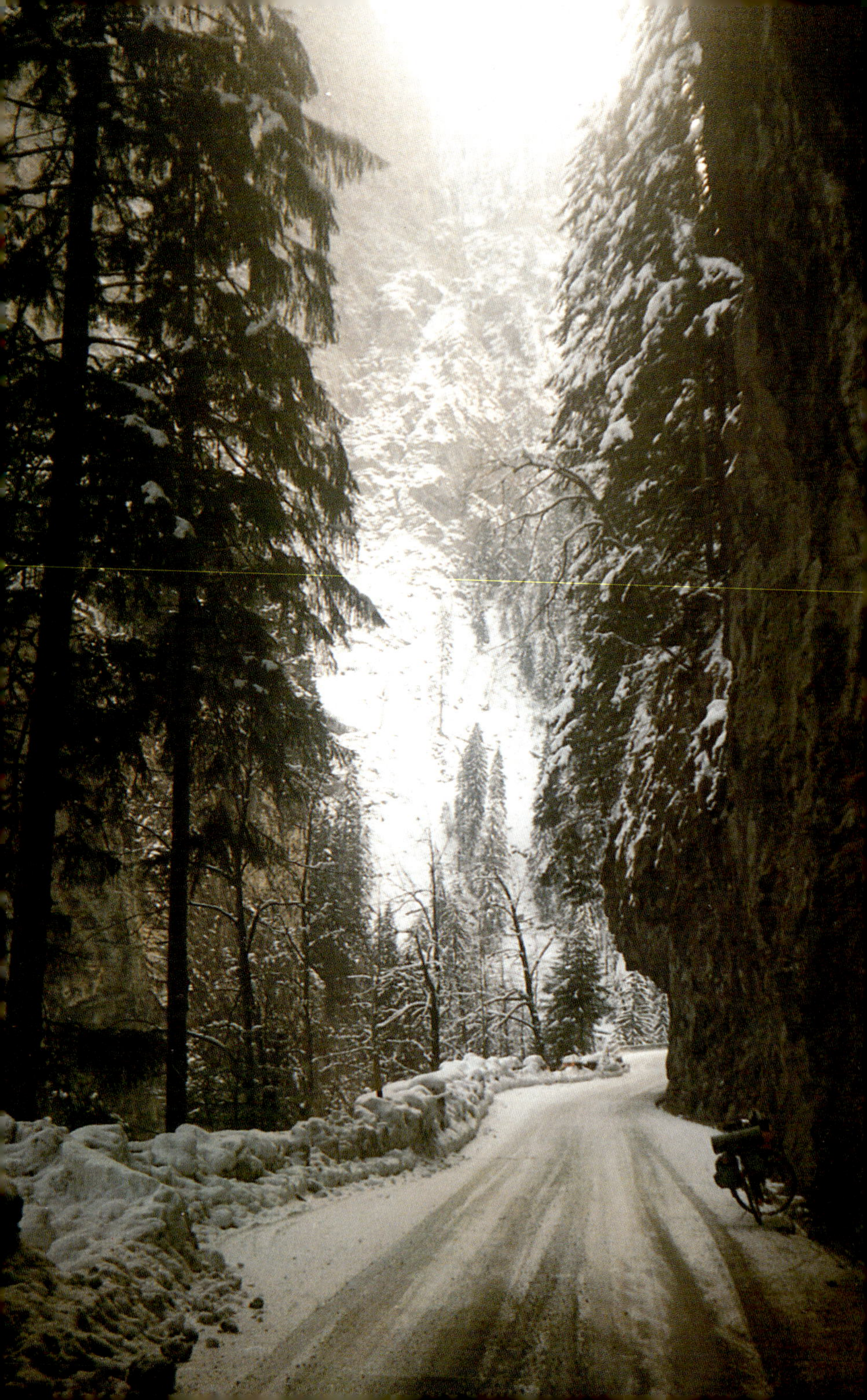

Voraussetzung, er hätte ein Fahrrad zur Hand. Mit diesen reichhaltigen Eindrücken im Kopf gehe ich ins Bett.
Um mich an die bevorstehende Kälte der nächsten Zeit zu gewöhnen, beschließe ich am nächsten Tag, eine Bergbahn zu nehmen. Der Jugendherbergsvater fährt nach Davos Dorf und nimmt mich mit. Dort entscheide ich mich für die Parsennbahn. Für 22 sfr erhalte ich eine Karte (hin und zurück). Die Talstation wartet mit Folkloremusik auf, und das Schweizer Fernsehen ist auch dabei – irgendein Jubiläum gibt es da zu feiern. Man bittet mich, auf einen Fernsehmonitor zu schauen, auf dem ein Panoramafilm abläuft, gleichzeitig filmt man mich. Das gäbe später eine Art Filmmontage, wird mir erklärt, es sähe dann so aus, als stände ich in luftiger Höhe – Schwindel, made in Switzerland! Danach geht es schnell in die doch sehr enge Bahn. Unzählige Skier und Stöcke wimmeln durch die Kabine. Die Strekkenführung der Bahn ist sehr steil, und der Davoser Talboden entzieht sich mehr und mehr dem Blickwinkel. Nach ein paar Tunnels erreicht man eine Zwischenstation, dann das Weißfluhjoch. Hier geht's per Seilbahn auf den Gipfel, wo mich gleich das überwältigende Panorama in seinen Bann zieht. Im Westen das Rheintal mit Chur im Tal, dann Arosa, das Davoser Tal und die nach Süden gerichteten Täler, u. a. das Flüelatal, wo ich mit dem Rad durchwill, das Dischmatal und das Sertigtal.
Als ich mir so das bunte Skitreiben ansehe, muß ich daran denken, daß man früher – vor der Skitourismus-Ära – die Skier noch auf den Gipfel raufgetragen hat, um dann die anschließende Abfahrt zu genießen. Heute ist das eben anders, der Skilift nimmt die unliebsame Mühe ab. Ich würde gerne wissen, wer übrig bliebe, wenn es keine Skilifte mehr gäbe und man seine Skier den Hang hochtragen müßte. Wenn der Skiliftboom so weitergeht, wird man immer weitere Hänge »kastrieren« müssen, d. h. ihrer

Bäume berauben, um dem wachsenden Touristenstrom gewachsen zu sein. Und je mehr Liftanlagen in einem beliebten Gebiet vorhanden sind, umso mehr Skitouristen rücken an... Es lebe der verkabelte Wintersportort! Nachdem ich die Bahn ins Tal genommen habe, finde ich einen sehr idyllischen Fußweg südlich des Davoser Sees, der mich direkt zur Jugendherberge führt.

Auf winterlichen Straßen oder: Erlebnisse der dritten Art

Nach einer erholsamen Nacht ist es soweit: Das Radfahren beginnt. Erwähnenswert erachte ich die Prozedur des Anziehens: Radhose, Radtrikot und Kniestrümpfe als »Basis«, Goretexhose, Sweatshirt und dicke Wollsocken als »Mittelschicht«, Goretexjacke, dicke Stiefel und Kunststoffüberzieher für den Übergang von Schuh zu Hose als »Außenschicht«. Als I-Tüpfelchen Wollmütze, Schal und Goretexhandschuhe. Vorher hat man natürlich das Gesicht dick eingecremt. Die Sonnenbrille verhindert als letztes Utensil, daß etwas »Lebendiges« vom Radfahrer zu sehen ist. In Polarforschermanier verpackt, setze ich mein Rad in Bewegung – Direktkurs auf den Flüelapaß (2383 m). Die ersten steilen Kilometer sind trotz der vorherrschenden Kälte – das Thermometer zeigt minus 14°C – schweißtreibend. In kleinen Bächen rinnt es den Rücken runter. Ich halte an und ersetze erstmal die Mütze durch ein Baumwolltuch, das ich um die Stirn wickle. Dann Goretexjacke aus, Sweatshirt aus, Goretexjacke wieder an. Drei Lagen

Auch eine Alpentour im Winter hat seine Reize!
Wenn es nur nicht so kalt wäre.

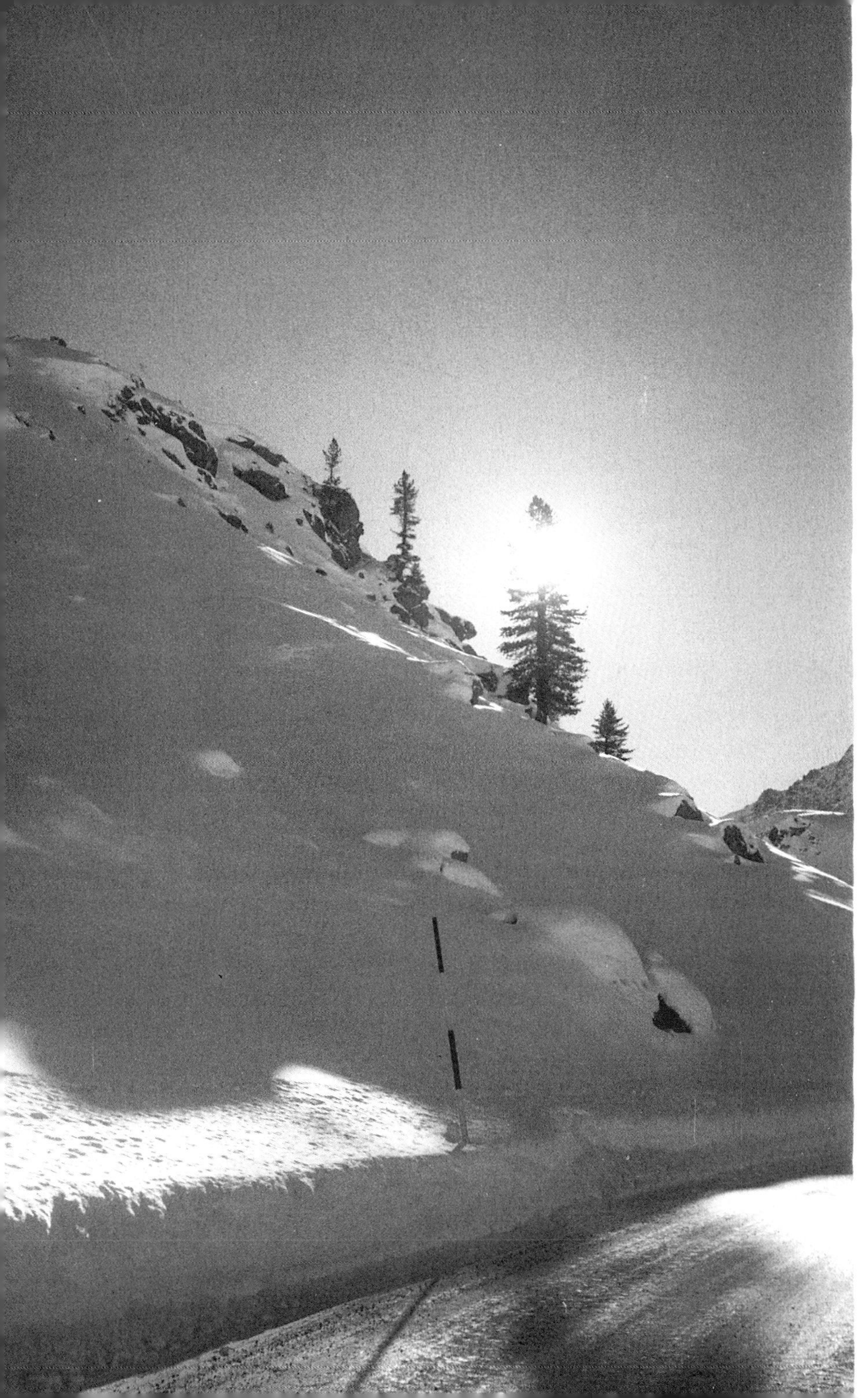

sind doch zuviel, denn Schwitzen ist nicht nur unangenehm, sondern wegen der Erkältungsgefahr auch gefährlich. Der Oberkörper und die Beine sind beim Radfahren immer in Bewegung und demnach gut durchblutet. Die Hände sind dagegen am Lenker »fixiert«, ebenso die Füße an den Pedalen. Durch den Druck auf diese Partien ist die Durchblutung gehemmt. Nicht ohne Grund sagt man auch, es seien exponierte Körperteile. Für diese könnte man nicht genug »Schichten anziehen«. Deshalb steige ich ein paarmal ab, um die Füße zu vertreten und die Finger zu massieren.

Bei einer solchen Pause komme ich an einen Parkplatz. Ein Autofahrer hält an und ist sichtlich erregt – über mich, wie sich herausstellt. Er meint: »Ihr Radfahrer wißt nicht, wo eure Grenzen sind, ihr müßt übertreiben, ihr spinnt; was soll das? Im Winter radfahren, im Sommer reicht es!« Da ich es offensichtlich mit einem Hektiker zu tun habe, dem irgendein Radfahrer durch den Garten gefahren sein muß, setze ich zu meiner Verteidigung an: »Entschuldigung, mache ich etwas Verkehrtes? Es ist meine Sache, wann ich fahre. Der Paß ist geräumt und für Fahrzeuge vorgesehen. Es kann Ihnen doch egal sein, ob das jemand motorisiert macht oder nicht. Was ist daran so schlimm oder gar strafbar? Wenn wir schon bei den Skifahrern sind: Wer fährt sogar im Sommer auf den Gletschern Ski? Das ist gravierender, weil der Gletscher seine »Erholungsphase« braucht, da er im Sommer mit dem »Zurückgehen« beschäftigt ist. Er würde gerne im Sommer auf »Euch« verzichten. Dann bringen es manche Skifahrer fertig, sich Rollenski unterzuschnallen und einen Grashang, der auch Erholung von der »Winterskizeit« braucht, runterzustieben und die sommerliche Grasnarbe zu verletzen. Das hat eine erhöhte Lawinengefahr im Winter und unansehnliche Almen im Sommer zur Folge!« Er schaut, als wäre er aufs Gesicht gefallen, und

fährt wortlos weiter. Vielleicht war er nur neidisch auf mich. Unterdessen macht sich das Verlangen nach Wasser bemerkbar. Ich greife nach der Flasche und beginne zu saugen, doch was ist das? Der Verschluß ist vereist. Ich öffne ihn und finde im Innern eine dicke Eisschicht. Bei der 1½-l-Reserveflasche die gleiche eisige Überraschung. Der Leser merkt auf den ersten Blick, daß ich mich wie ein eingefleischter Sommerradfahrer benommen habe. Wasser in einer simplen Plastikflasche bei den Temperaturen? Oh Marc!
Nun stehe ich da mit meinen Flaschen, fühle mich selbst so und habe Durst. Ich entschließe mich, eine Trinkflasche irgendwo gegen zu schlagen, so daß kleine Eisbrocken absplittern. In Verbindung mit dem Restwasser stelle ich mir vor, einen Drink mit Eiswürfeln in Händen zu halten. Welch ein Luxus!
Später erreiche ich die Paßhöhe und präpariere mich für die erste Winterabfahrt. Die Sonnencreme fürs Gesicht ist sehr zäh, der Lippenfettstift fühlt sich wie eine Wachskerze an, ein Kaugummi, das ich in den Mund stecke, ist knochenhart und zerspringt beim Zubeißen in viele Teile. In diesem Moment wird mir klar, was Messner und Fuchs bei ihrer Antarktisdurchquerung zu ertragen hatten – und das über 90 Tage!
Nach erfolgreicher Einmummung beginne ich die Abfahrt mit dem Vorsatz im Kopf, »nicht zu stürzen«. Mit maximal 15km/h taste ich mich vorwärts, mehr bremsend als rollend. Überall lauern versteckt spiegelglatte Stellen, doch vermag ich bei der Geschwindigkeit heikle Abschnitte zu umfahren. Die 14 Kilometer Abfahrt werden häufig durch Pausen unterbrochen. Der Fahrtwind kühlt die exponierten Körperteile grausam aus. Die Finger werden sehr kalt und schmerzen, da ich die Bremsgriffe recht forciert betätigen muß.

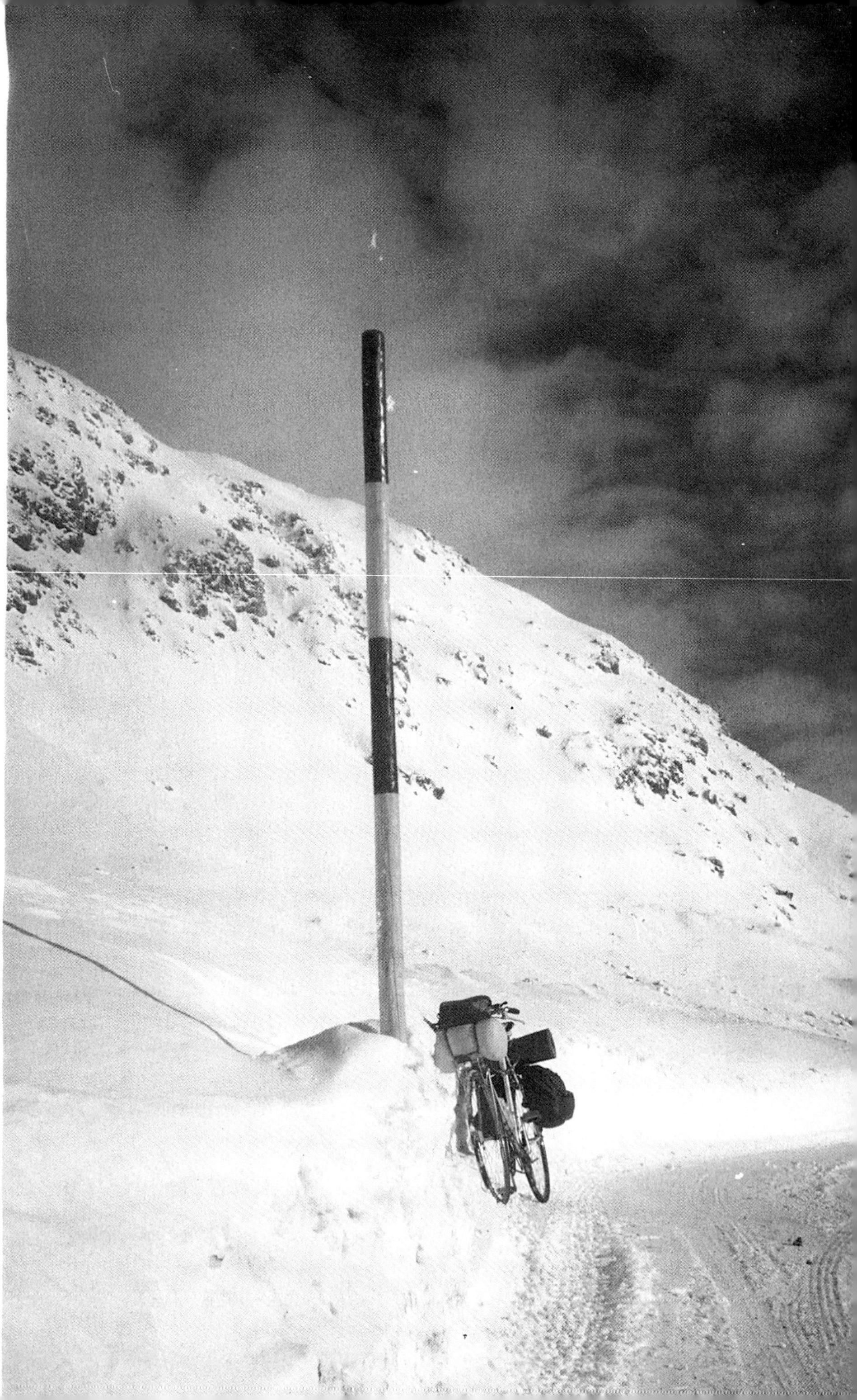

Als ich unten ankomme, halte ich an, um wieder eine Lage Kleidung auszuziehen. Dabei will ich jemanden fragen, wo es ein Lebensmittelgeschäft gibt. Ein Ding der Unmöglichkeit: Ich kann nicht mehr richtig sprechen! Die Wangen sind so kalt und gefühllos, überhaupt kommt mir das Gesicht schwer wie Blei vor. Es ist eine urkomische Situation, wenn man sich unterhalten will, aber nur undeutliche Laute hervorbringt. Es ist so, als wenn man eine Hand vor den Mund hält und zu sprechen versucht. Der Mann scheint mich aber verstanden zu haben. Vielleicht hört sich mein Kauderwelsch wie sein einheimischer Dialekt an?
Die erneute Auffahrt von Zernez nach St. Moritz gestaltet sich etwas schwierig. Gegenwind kommt auf, der Verkehr nimmt zu, der Flüelapaß ist gerade hinter mir, und es ist der erste Radtag. Unterwegs wieder Durstlöschen durch Eiswürfellutschen. Weiterfahrt durch schöne Dörfer wie Schanf, Zuoz, Madulain, laPunt und Bever. Der Schnee bedeckt wirklich jeden erdenklichen Winkel und die weiße Schönheit verzaubert die Orte im Sonnenlicht und verändert sie so auf besondere Weise.
Die letzten 15 km vor St. Moritz empfinde ich als Quälerei. Es kommt immer und immer wieder eine Wegeteilung, schnurgerader Straßenverlauf ca. 500 m bis 1 km lang. Welch eine psychologische Aufmunterung in der Endphase des heutigen Tages! Die Kälte ist nun nicht mehr etwas Neues, was zu Beginn des Tages direkt interessant zu erleben war, nein, sie ist sehr störend und läßt jeden Tritt drei- und vierfach so schlimm erscheinen, wie er normal ist. Sie bleibt am Ende eines solchen Tages nicht mehr auf der Haut, sie geht unter die Haut, und man meint, sie in den Knochen zu spüren, man ist kalt – von innen!

Nur gut, daß die Straßen einigermaßen vom Schnee geräumt sind!

So bin ich sehr beruhigt, schon im voraus zu wissen, wo sich die Jugendherberge befindet, um zielstrebig auf sie zuzufahren. Ich muß sagen, daß ich noch nie so froh war, ein Bett vor mir zu sehen. Die vielen Leute, die ich in der Jugendherberge kennengelernt habe, und deren Reaktion zu beschreiben, würde den Rahmen sprengen. Im großen und ganzen ähneln sie den Reaktionen bei den beiden zuvor beschriebenen Erlebnissen.
Der nächste Tag dient wieder der Erholung. Mit der Bahn und der Gondel geht es auf den Piz Nair. Hatte ich am Vortag absolut klare Sichtverhältnisse, ist heute eine Nebelschicht zu beklagen! Bis kurz unter der Piz Nair hält sich der Nebel hartnäckig. Doch buchstäblich auf den letzten Höhenmetern reißt es auf, und die Sonne präsentiert sich umgeben von tiefblauem Himmel. Im Süden ragt das Viertausender-Massiv der Bernina dominant aus dem Nebel, der alles, was sich unter 2900 m befindet, zudeckt. Die Sonne brennt nieder und glänzt so hell – sowohl direkt als auch reflektierend auf dem Nebelmeer –, daß es sogar mit Sonnenbrille problematisch ist, die Aussicht zu genießen. Das nenne ich mit gutem Grund eine Belohnung für den harten Tag zuvor. Zum Ausklang des Tages läuft mir noch Otto Rehhagel über den Weg...
Ein weiterer Paß steht bevor: der Julierpaß (2284 m). Zuerst der Blick aufs Thermometer -18°C auf 1820 m. Es ist von Vorteil, daß ich bei der Auffahrt zur Paßhöhe fast immer in der Sonne fahren kann. Der Paß an sich stellt keine besondere Schwierigkeit dar. Die Abfahrtsrampe nach Tiefencastel ist exzellent freigeräumt, so daß man zügiger abfahren kann.
Den nächsten Tag bezeichne ich als den bisher anstrengendsten Tag auf dem Fahrrad. Warum? Zuerst geht es durch die Schinschlucht mit zwei Tunnels, 900 m und 1,1 km lang. Dann durch die beeindruckende Via Mala-

Schlucht. Die Straße ist überhaupt nicht geräumt. An vielen Stellen ist der Schnee recht tief, aber festgefahren, darunter ist es glatt. Ich fahre fast jeden Meter doppelt und rutsche mit dem Hinterrad weg. Manchmal verliere ich das Gleichgewicht, muß anhalten und von neuem anfahren, aber nicht zu schnell oder zu ruckartig, sonst dreht das Rad durch. Abschnittsweise ist es recht steil. Die Schlucht zählt zu den schönsten Besuchspunkten in der Schweiz. Im untersten Teil ist sie so eng, daß man selbst nicht durchpassen würde, wie eine sich in V-Form zuspitzende Gletscherspalte, eben nur überdimensional groß – und aus Gestein. Die Straße führt durch faszinierende Tunnels mit großflächigen Vereisungen am Boden und meterlangen Eiszapfen an der Decke und den Seitenwänden. Bei Zillis und Andeer ist man aus der Schlucht »draußen« und fährt auf die nächste Talstufe zu. Nach Bärenburg folgt diese in Form der Roflaschlucht, die im Gegensatz zur Via Mala mehr durch bewundernswerte Streckenführung berauscht. Diese sechs Kilometer bis nach Sufers verewigen sich bei mir als idyllischste Serpentinenfahrt durch einen Wald mit Aus-, Tief- und Rückblicken. Es ist traumhaft zu fahren. Der Untergrund ist nun vollauf mit einer 30 cm dicken Schneeschicht bedeckt. Keine glatten Stellen bringen mich aus dem Gleichgewicht, der Schnee ist stumpf und griffig, knarrt und quietscht, wenn der Reifen sich den Weg nach oben sucht. Die Sonne schaut teilweise durch die tiefverschneiten Bäume durch und rundet die Schönheit dieses Teilabschnitts ab.

In der Ortschaft Splügen mache ich Rast; dann geht es weiter über Medels und Nufenen, allerdings im Schatten. Nun verspüre ich einen gewaltigen Energieabrutsch nie erlebten Ausmaßes. War es vor einer Stunde noch die Traumetappe gewesen, als ich durch den tiefen Schnee auf der Straße fuhr, so ist es mir jetzt so zuwider, daß die Straße

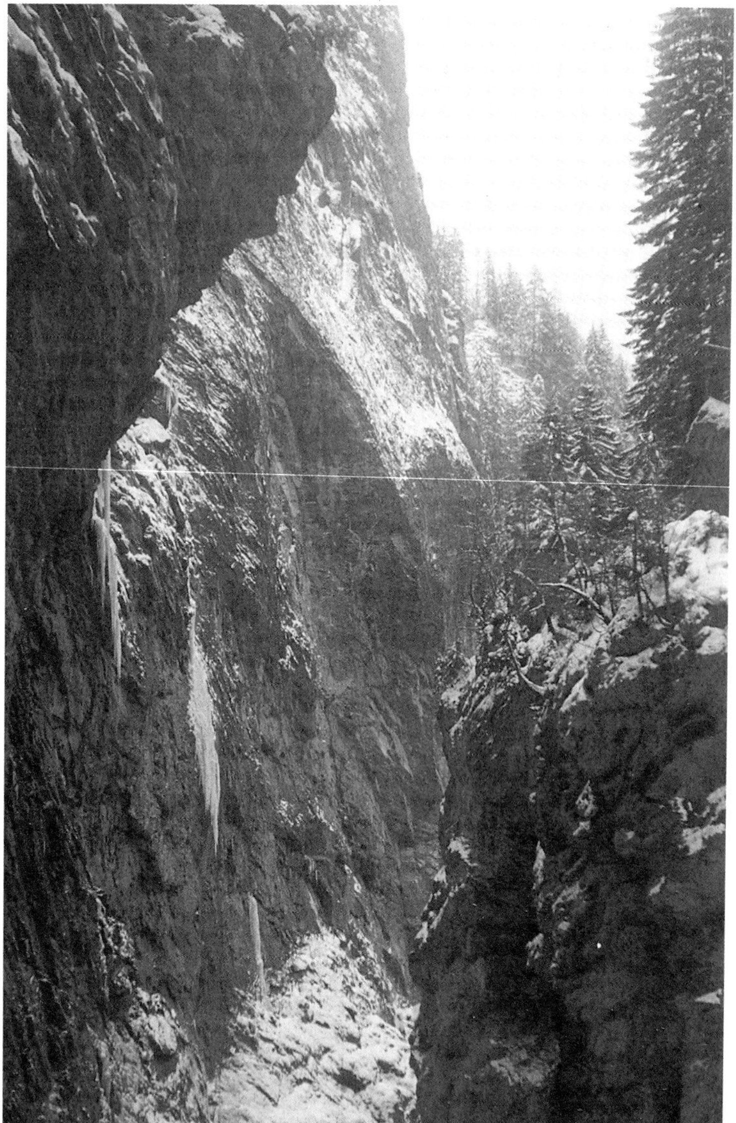

nicht geräumt ist. Das ist ein wesentlicher Unterschied zur Radtour im Sommer: Wenn ich im Sommer einen Einbruch erlebe, brauche ich mich nicht zu zwingen, weiterzufahren und mich hochzukämpfen, Pausieren ist angesagt – im Winter ein Ding der Unmöglichkeit, sonst würde man sehr schnell auskühlen und sich eventuell erkälten.

In Hinterrhein bekomme ich nochmals die Sonne zu Gesicht. Ich fahre sofort zu dem Haus, wo ich 1987 auf dem Heimweg von meiner ersten Alpentour Unterschlupf fand, und bitte um Unterkunft für die Nacht. Ich frage die Frau, ob sie mich noch von damals kenne, und sie ist sichtlich gerührt, mich wiederzusehen. Natürlich ist sie etwas irritiert, daß es im Winter ist.

Das ganze Dorf ist in Aufruhr, und jeder will wissen, was mich bewegt, um diese Zeit »Velo« zu fahren – echtes Interesse und nicht nur stupides Ausfragen, wie es einige Touristen unterwegs praktizierten – ob ich nicht frieren würde, ob ich Spikes hätte, wie ich denn diesmal über den San Bernardino kommen wolle, da er doch gesperrt sei, durch den Tunnel dürfe ich nicht...

Die Frau zeigt mir mein voll mit Holz ausgekleidetes Zimmer und versteht es, Gemütlichkeit zu verbreiten, obwohl das Eis innen am Fenster »Blumen« bildet. Eine prall mit Daunen gefüllte Bettdecke und vier Schurwolldecken – »garantiert Schweizer Qualität« – machen das Bett bequem, und eine fünfrippige Elektroheizung taut die Eisblumen und mich auf.

Anschließend besorge ich mir im voraus Fahrkarten für die Busfahrt nach San Bernardino – eine für mich, eine fürs Rad.

Der Bus fährt am nächsten Tag um 8.30 Uhr. Der Busfahrer

Die Via Mala – sicher eine der großartigsten Sehenswürdigkeiten der Schweiz.

macht natürlich ein sehr erstauntes Gesicht, als er mich mit Fahrrad sieht. Behutsam verstaut er es im Gepäckraum, und kurz darauf fahren wir durch den Tunnel. Auf der anderen Seite komme ich gerade rechtzeitig zum Sonnenaufgang – ein tolles Erlebnis, wenn man auf über 1600 m in morgendlicher Stille mit dem Fahrrad in einer tiefverschneiten Landschaft steht. Die minus 16°C sind durch die Sonnenstrahlen nicht mehr so spürbar.

Nun geht's los: 16 km bis nach Mesocco sind schneereich, und Asphalt ist kaum auszumachen. Also entwickle ich eine neue Abfahrtsmethode: Ich setze mich auf die Rahmenstange und strecke beide Beine rechts und links von mir. So habe ich eine breitere Fahrfläche und komme nicht ins »Schlingern«. Mit diesem verbreiterten Fahrgestell schlittere ich die Straße nach unten. Die Bremsen darf ich nicht zu stark anziehen, sonst würde ich wegrutschen. Wenn ich wirklich zu schnell werde, fahre ich auf den tieferen Schnee am Straßenrand zu, der mich solide abbremst und obendrein »Tiefschneefeeling« vermittelt. Serpentinen sind natürlich ein besonderes Vergnügen. Normalerweise müßte ich die Geschwindigkeit stark zurücknehmen. Durch die »Beinverbreiterung« kann ich mit ca. 18–20km/h auf die Serpentine zufahren, beherzt einlenken und das Hinterrad »hinten rumrutschen« lassen. Mit Verzögerung schert das Rad wieder in die alte Stellung zurück, wenn ich auf der Geraden weiterschlittere. Wer schon Speedway-Rennen gesehen hat, weiß, was ich meine. Auf jeden Fall ist es ein außergewöhnlich tolles Fahrgefühl, bei einer Paßabfahrt mit dem ganzen Körper dabeizusein und die »Arbeit« nicht hauptsächlich den Armen und Händen zu überlassen, die auf die Bremsen einwirken.

Ab Mesocco ist die Straße geräumt und bis nach Ascona flach und mild. Die Wintertour ist vorbei, ein Erlebnis besonderer Art, vor allem im Winterparadies der Alpen!

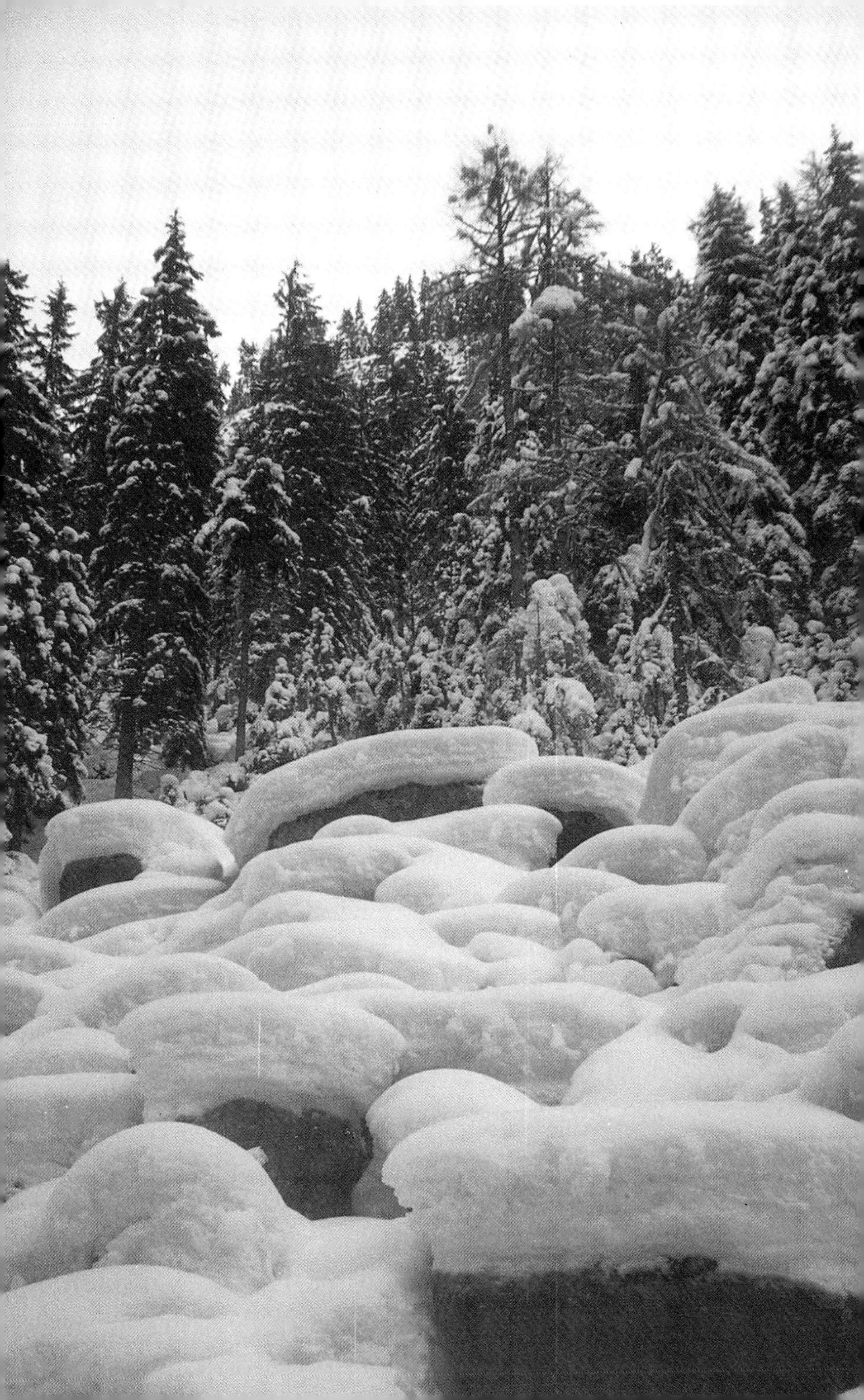

Übersicht der Alpentour im Winter

1. Tag: Anreise mit dem Zug
2. Tag: Aufenthalt Davos, Ausflug in der »Parsenn-Bahn«
3. Tag: Radreisebeginn; Davos-Flüelapaß (2383 m)-
   Zernez-St. Moritz   72,9 km   1250 HM
4. Tag: Aufenthalt St. Moritz,
   Ausflug in der Bergbahn auf den »Piz Nair«
5. Tag: St. Moritz-Julierpaß (2284 m)-
   Tiefencstel   50,6 km   470 HM
6. Tag: Tiefencastel-Thusis-
   Hinterrhein   52,7 km   900 HM
7. Tag: Hinterhein-Locarno (Bus)-
   Ascona   74,9 km

                            251,1 km   2620 HM

Serviceteil

Warum nicht mit einem Mountainbike?

Diese Frage habe ich hundertfach beantwortet. Meine Radtour war zwar fast ausschließlich eine »Berg- und Talfahrt«, jedoch sind die Alpenstraßen sehr gut ausgebaut, so daß man kein Mountainbike benötigt, welches für unbefestigte Straßen konstruiert ist, der guten Traktion der Reifen wegen.
Das Mountainbike hat außerdem einen kürzeren Radstand als ein Tourenrad. Für das »Klettern« am Berg ist dies sicherlich ein Vorteil, jedoch nur ab einer 20%igen Steigung (in Verbindung mit der ungewöhnlichen Sitzposition). Bei meiner Alpentour hatte keine Straße mehr als 18%. Derartige Steigungen waren auch ohne Mountainbike gut zu meistern. Bei Geradeauslauf und schneller Abfahrt erwies sich das Tourenrad als sicher, ein Mountainbike dagegen fährt unruhig und wackelig. Besonders beeindruckt war ich von der Stabilität des Tourenrades, trotz der vielen langen Schußfahrten – und das mit dem Gepäck. Der überzeugende Pluspunkt des Mountainbikes – die Schaltung – ist natürlich unangefochten. Deshalb habe ich mein Fahrrad damit umgerüstet. Früher bin ich in den Alpen mit 52/42 Zähne vorne und 13–24 Zähne hinten gefahren. Nun mit 48/38/28 Zähne vorne und 14–26 Zähne hinten sollten zähe Anstiege gelassener zu fahren sein.
In Verbindung mit der erstklassigen Bereifung habe ich »ein zum ATB (All-Terrain-Bike) hin erweitertes Tourenrad«, wie ich es immer nenne.
Eines ist für mich ohne Debatte klar: Wenn ich eine kurze Radtour über einige »verwegene« Alpenstraßen mache (mit

grobem Schotterbelag und großer Steilheit, z. B. Mont Chaberton (3136 m), Mont Malamot (2914 m), Monte Jafferau (2785 m), Colle Sommeiller (3050 m), Pic de Château Renard (2989 m), Tête de Viraysse (2765 m), Col du Fréjus (2540 m), Chaz-Dura (2581 m), Col de Parpaillon (2632 m), Bormio 3000, Forcella d'Entova (2837 m), Rifugio Duca degli Abruzzi (2802 m), Col de Maurin (2637 m) etc.), benutze ich ein Mountainbike! Für eine große Radtour – vorwiegend auf Asphalt – werde ich aber meinem Tourenrad treu bleiben.

Das Fahrrad

Rahmen: Marke Motorbecane Concorde, weiß
Gewicht: 17 kg
Felgen: 18×622, 28×1⅝
Reifen: Schwalbe Spezial Marathon
   37–622/28×1⅝×1⅝ HS 136
Bremsen: Weinmann
Schaltung: Umwerfer (vorne) Schimano,
   Schaltwerk: Shimano Positron FH 400
Schalthebel: Daumen PPS 1–6/rechts, EM/links
Kettenblatt: Marke Nervar 48–38–28
Zahnkranz: Shimano Singpore 26–24–20–18–16–14
Sattel: Brooks B66
Tacho: VDO tour
Gepäckträger: 2

Literatur und Karten

Um diese Gewalttour zu planen und zu organisieren, kaufte ich mir erst einmal einen Führer über die Alpenstraßen (Großer Alpenstraßenführer, 16. Ausgabe, Denzel – Auto und Wanderführer Verlag), in dem etwa 600 Beschreibungen über Gipfelstraßen, Hochtäler, Hochplateaus, Kammstraßen und Paßstraßen enthalten sind. 60 anfahrbare Höhepunkte hatte ich mir ausgewählt, die in dem Buch mit zwei oder drei Sternen (landschaftlich hervorragende und empfehlenswerte oder außergewöhnlich schöne, hochalpine Strecke) ausgezeichnet sind.

Außerdem sollte die zu befahrende Strecke über 2000 m liegen (»Raus aus der Ebene«), was bis auf einige Ausnahmen gelang. Es war wirklich nicht leicht, aus einem Überangebot an Alpenstraßen die schönsten und lohnendsten auszuwählen und sie so aneinanderzureihen, daß dabei eine attraktive Tour entstand. Viele Straßen hatte ich auf meinem Konzept schweren Herzens streichen müssen, da die Tour sonst zu lang geworden wäre; so habe ich aber wiederum Material für spätere Touren. Zu diesem großen Führer kaufte ich mir noch Detailkarten des Alpenraums (Kümmerly & Frey, Offizielle Karte des Touring Club Italiano ICI): Karte 1: Aostatal & Piemont
Karte 2: Lombardei
Karte 3: Trentino & Südtirol
Karte 4: Friaul & Venetien
Karte 5: Ligurien & Italienische Riviera
sowie von Michelin »Carte Routière et Touristique«
No. 244 Rhône – Alpes
No. 245 Provence – Côte d'Azur

Folgende Bücher zum Thema Radreise allgemein kann ich zur Lektüre empfehlen:
- Patrick Hettrich: Mit dem Fahrrad von Feuerland nach Mexico. 25 000 km allein durch Südamerika (Pietsch Verlag)
- Tilmann Waldthaler: Expeditionen mit dem Fahrrad
- Dieter Kreutzkamp: 12 000 km Australien und Neuseeland. Mit dem Fahrrad durch Wüsten, über Berge (Pietsch Verlag)
- Ulrich Herzog: Durch Wüste und Eis. Extremtouren mit dem Rad
- Arne Körtzinger: Allein durch Island per Fahrrad (Pietsch Verlag)
- Alain Guigny: Auf 2 Fahrrädern ans Ende der Welt (Pietsch Verlag)
- Richard und Nicholas Crane: Fahrradabenteuer im Himalaya. 5301 km über das Dach der Welt (Pietsch Verlag)
- Christian E. Hannig: Indianer, Cowboys, Klapperschlangen. Mit dem Fahrrad durch den Wilden Westen (Pietsch Verlag)

Allgemeine Planung

Als erstes braucht man etwas Unternehmungslust, zweitens einen Landschaftsstrich, den man erkunden möchte. Mit dem nötigen unkomplizierten Denkvermögen hat man bald ein grobes Konzept, das später ausgeführt werden kann. In den eigentlichen Vorgang des Planens kann und möchte ich nicht eingreifen, da jeder individuelle Vorstellungen und Wünsche hat, die er auf »seiner« Radreise realisieren will. Nur ein Tip: Stehen Bergstrecken bevor, muß man die Tagesetappen kürzer stecken, als in der Ebene gewohnt, sonst hat man am nächsten Tag nur unnötige Gelenk-, Muskel- und Sehnenbeschwerden, die einem die Freude an der weiteren Tour vergällen. Besonders am Anfang einer Tour ist mit Bergen vorsichtig umzugehen. Wenn möglich, den »Kontakt« mit Steigungen hinauszögern (5–6 Tage), ehe man richtig loslegt. In dieser Zeit fährt man sich sprichwörtlich in Form. Am ersten Tag nach der Anreise mit der Bahn oder dem Auto sofort 2000 Höhenmeter (HM) zu überwinden, kann sehr bedrückend sein und die nächsten Tage schmerzvoll machen. Ich hatte bei einer früheren Tour an einem Tag fast 3000 HM absolviert..., den Tag danach brauche ich wohl erst gar nicht zu beschreiben.
Wenn man dagegen schon etwas länger unterwegs ist, lassen sich 2000 HM und mehr täglich ohne Problem meistern. Jedoch ist auch hierbei zwischendurch immer wieder ein HM-armer Tag von großer Wichtigkeit.

Checkliste

Schlafen
Schlafsack und Campingmatte

Bekleidung
2 Sweatshirts
2 T-Shirts
2 kurze Hosen
1 Badehose
1 Radtrikot
1 Jogginghose
1 Radhose mit »Innenleben«
1 Paar Radfahrerhandschuhe
1 Baumwolltuch als Stirnschweißband
1 Regencape
1 Paar Turnschuhe
Unterwäsche und Strümpfe

Hygiene
Handtuch
Waschzeug (1 Stück Seife, 1 Tube Zahncreme, 1 Zahnbürste, 20 Wattestäbchen, 1 kl. Fläschchen Shampoo, Nagelschere)
Sonnenschutzmittel (zwei verschieden starke Sonnenschutzfaktoren)
Fettstift für die Lippen (Labello)
»indirekte Hygiene«
Rei in der Tube

»Apotheke auf Rädern«
Pflastersortiment für alle Fälle
Brausetabletten (Boxazin, Aspirin) für unvermeidbare Erkältungen

Salbe für die Gelenke, Bänder und Sehnen (Voltaren Emulgel, Dolo Arthrosenex Gel)
Salbe gegen Sonnenbrand, Insektenstiche (Soventol Gel)
Mercuchrom
Mineral- und Multivitamintabletten
Starke Schmerzmittel oder gar Penicillin sind unbedingt wegzulassen. Dafür hat man oben angeführte Brausetabletten für die erste Phase. Um die körpereigene Abwehr zu stärken, nehme ich mit Erfolg Echinacintropfen in einer Art »Langzeittherapie« (15–20 Tropfen pro Tag) oder als »Stoßwirkung« bei großer körperlicher Belastung (40 Tropfen). Am besten hat man seine Erkältung zu Anfang und ist dann »abgehärtet« für den Rest der Tour. Wenn man trotzdem stärker krank wird, sucht man einen Arzt auf. Die Kosten hierfür werden durch die Auslandskrankenversicherung gedeckt.

Proviant
1 Packung Müsli (für alle Fälle)
1 Packung Traubenzucker in Pulverform und kleine Täfelchen für die Lenkertasche (»Wegzehrung«)
Brot (jeden Tag frisch!)
Kekse, Schokolade, Obst
Ca. alle drei Tage kann man sich ein warmes Essen gönnen. Bewährt ist nach wie vor ein »Berg« Nudeln (Kohlehydrate) mit irgendeiner beliebigen Sauce und Salat (Vitamine). Das belastet das Reisebudget nicht zu sehr.

Sonstiges
fremdsprachiges Wörterbuch
Straßenkarten und wenn nötig spezielle Detailkarten
Schreibzeug und Schulhefte (DIN A 5) für das Tagebuch
Fotoapparat (bei mir war es eine »Dacora dignette«; Objektiv: »Cassar 1:2,8/45 mm«.

Filme (Anzahl variabel!) in Alupapier gewickelt
Sonnenbrille
kleine Uhr
1 Löffel
Taschenmesser
Schere
mehrere Geldbeutel für verschiedene Währungen
ein geeignetes Ledermäppchen für den Reisepaß und andere wichtige Dokumente wie z. B. Travellerschecks
Plastiktüten (sehr vielseitige Anwendungsgebiete)
Nähnadel, Sicherheitsnadeln, Faden, Paketschnur, Kaugummi und ein Radio für langweilige, langatmige Etappen durch die Ebene

Ersatzmaterial/Werkzeuge (Soll)
1 Schlauch
1 Mantel
1 Satz Bremsklötze (= 4 Stück)
2 Bremszüge (unbedingt auf die Form des Endstücks achten, daß es in den Bremsgriff paßt)
2 Schaltzüge
Pannenflickset (Flicken, Schmirgelpapier, Klebstoff)
Ölfläschchen
Speichen und Speichenspanner
Inbus- und Schraubenschlüssel
Schraubenzieher
Glühbirnchen (vorne und hinten)
Wer es einrichten kann, deponiert an einem Ort bei Verwandten oder Bekannten eine Satteltasche mit »frischen Sachen«, z. B.
Kleidung
Kartenmaterial
1 Paar Radfahrhandschuhe
1 Trinkflasche

Filme, Travellerchecks
1 Mantel, 1 Schlauch, 1 Radkette
Beim Packen der ganzen Ausrüstung darauf achten, daß der Schwerpunkt in der Satteltasche ganz unten liegt.

Übernachtung

Man muß zuerst einen Blick in die Reisekasse werfen, wenn man über die Übernachtungsmöglichkeiten sprechen will. Eines vorweg: Man findet in den Alpen alle nur erdenklichen Schlafplätze. Es bleibt nun dem einzelnen überlassen, wofür er sich entscheidet. Vornehmlich habe ich mich für das Übernachten auf Campingplätzen interessiert. Da ich ohne Zelt gereist bin – und es auch in Zukunft so mache – war ich gegen kalte Nächte in der Höhe oder schlechtes Wetter nicht geschützt. Durch diese »gewollte Hilflosigkeit« ist man darauf angewiesen, Ortsansässige nach der nächstbilligeren Unterkunft zu fragen, in dem Fall Berghütten (franz. Refuge, ital. Rifugio, Preis max. 10 DM) oder auch günstige Pensionen (bis 30 DM). Auf diese Weise findet man den direkten Kontakt zur Bevölkerung, wird mit der jeweiligen Mentalität gut vertraut und hat so das Land richtig erlebt und kennt es nicht nur vom x-maligen Besuch im 5-Sterne-Hotel am überfüllten Strand bei Vollpension.

Wenn ich doch in einem Hotel landete, war dies der letzte Ausweg, und ich hatte den Preis bereits erträglich gedrückt (natürlich gibt es unliebsame Ausnahmen), oder ich ging bewußt in ein Hotel, weil mich eine Erkrankung oder ein Defekt am Rad dazu veranlaßten.

Ach, fast hätte ich die Jugendherbergen vergessen, der Joker für alle Fälle – einzige Bedingung, daß sie nicht schon ausgebucht sind.

Eine kurze Pässekunde

(in der Reihenfolge ihrer Befahrung)
Großglocknerhochalpenstraße und Edelweißspitze: Morgens um 6 Uhr ist die Welt noch in Ordnung, aber dann ist es sehr verkehrsreich; unbedingt befahren.
Iselbergpaß: Leichte Auffahrt von Winklern aus, annehmbare Abfahrt.
Brenner: »Beleidigung für die Augen« Wer LKWs mag, fühlt sich hier wohl. Abfahrt nach Innsbruck abschnittsweise interessant zu fahren.
Ötztaler Gletscherstraße: Ein Muß! Absolutes Gletschererlebnis.
Rettenbachferner und Tiefenbachferner: Selbst bei dichtem Nebel, Schnee-, Hagel- und Graupelschauer ein Erlebnis. Die 1,7 km lange Eisröhre bedarf jedoch einer mittleren Überwindung.
Timmelsjoch: Trotz des Gefälles vor dem eigentlichen Paß eine tolle Sache. Selbst ein »Radverbot« nach Meran ändert nichts an seiner Schönheit, und über die falsche Höhenangabe des Paßschildes lachen wir recht herzlich.
Jaufenpaß: Im unteren Teil meist bewaldet, landschaftlich sehr abwechslungsreich, kurz vorm Paß finden sich talwärts einladende »Felsensessel« zum Rasten.
Penserjoch: Interessante Streckenführung, einer der einsamsten Pässe, die ich gefahren bin. Vor Bozen großartige Tunnelansammlung.
Verbindungsstraße St. Peter – Kofeljoch: »Von dieser Art Querverbindung will ich nicht anfangen zu schwärmen…« (siehe im Text!)
Würzjoch: »Nachhut« des Kofeljoches, obwohl höher gelegen.

Valparolajoch: Sehr einfacher Paß, die letzten 2–3 km sind das Interessanteste, und man hat immer die Paßhöhe im Blick.
Falzaregopaß: Scheint von Süden schöner zu befahren, da viele von diesem Paß schwärmen. Meine Befahrung war zudem von dem Touristenauflauf und dem Zweikampf mit einem Militärfahrzeug getrübt.
Passo Tre Croci: Ein Paß, den man fährt, um zu den Drei Zinnen zu gelangen.
Col Sant'Angelo (Misurinapaß): Schöner Zwischenaufenthalt am See.
Drei-Zinnen-Straße: Wohl die landschaftlich schönste Straße in den Dolomiten.
Rifugio Auronzo Cimebanche: Kaum merkbare Anhöhe vor der Schußfahrt nach Cortina.
Passo Giau: Malerisch, verträumt, kehrenreich, schön.
Colle St. Lucia: Leichter Anstieg nach der »Giauabfahrt«. Imposanter Tiefblick!
Passo Fedaia: Den herrlichsten Abschnitt passierte ich im Eiltempo. Auf jeden Fall gilt: Marmolada verdient intensivere Blicke!
Karerpaß/Passo Costalunga: Beurteilung mit den Augen eines Buspassagiers: aber auch von der Radfahrerwarte aus ein einfacher Anstieg (von Osten aus) und wunderbare Natur am Karersee und im Eggental.
Stilfserjoch: Dritthöchster Alpenpaß. Die Traumstraße der Alpen, jedoch nur von den Kehren her. Wenn der Verkehr rollt, gibt es kein Erbarmen. Lohnend ist es vor allem, den »wachsenden« Ortler zu sehen. Abfahrt nach Bormio ebenfalls aufregend – besonders die niedrigen Tunnel.
Col del Nivolet: Der schönste Paß der Alpen! Allerdings zeigt sich hier, ob man ein echter Naturliebhaber ist, wenn es darum geht, das Fahrrad auf den Schultern zu tragen und man danach immer noch für diesen Paß schwärmt, oder ob

man ihn nur deshalb als »schönen« Paß bezeichnet, weil er auch eine asphaltierte Nordrampe hat!

Breuil/Cervinia: Das Matterhorn ist selbst von seiner »Schattenseite« imposant und ehrfurchtsvoll anzusehen. Hochfahren, obwohl die Streckenführung mittelmäßig und Breuil/Cervinia total überlaufen ist. Ein Spaziergang außerhalb des Getummels wird belohnt!

Pian del Re: Reizvolle Landschaft, Straße bis Crissolo normal, danach aussichtsreich und anspruchsvoll. Wenn die Sichtverhältnisse es erlauben, ist der Mon Viso mindestens ebenso dominierend wie das Matterhorn!

Col d'Agnel: Vierthöchster Paß, eine ruhige Angelegenheit, da der große Touristenpulk in Pontechianale »hängen« bleibt. Hinter Chianale Anstieg mit »Abenteuerqualitäten«. Tolle Aussicht nach Norden (bis zum Ecrinsmassiv).

Col d'Izoard: Die »Casse Déserte« macht ihn so ergiebig! Auf der Paßhöhe keine besondere Aussicht, da zwischen hohen Bergen eingesattelt.

Col du Lautaret: Eintöniger Anstieg ohne Kehren, Paßhöhe »angereichert« mit Touristen, da Direktweg zwischen Grenoble – Briançon. Zwischendurch Ausschnitte des Ecrinsmassivs sichtbar. Dieser Paß ist für mich ein Vorbote des Col du Galibier.

Col du Galibier: Landschaftlich hervorragender Paß. Beginnend vom Col du Lautaret, befährt man ein aufregendes Sträßchen. Der Marsch zur Orientierungstafel lohnt sich; prächtige Aussicht.

Col du Télégraphe: Der Col du Lautaret des Nordens, auf den Galibier bezogen. Beeindruckender Tiefblick. Zu gerne wäre ich die restlichen 12 km nach St. Michel de Maurienne eigenhändig gefahren.

Col de la Croix de Fer: Als eindrucksvoller Streckenabschnitt sticht der »Combe Genin« hervor. Die Straße verläuft hoch über dem Flüßchen Arvan. Des weiteren ist der Weg

über St. Jean d'Arves zu empfehlen. Zuguterletzt gefällt der Serpentinenanstieg vor der Scheitelhöhe.
Col du Glandon: Kleiner Bruder des Col de la Croix de Fer, sonst nichts Aufregendes.
Col d'Ornon Etwas Kleines braucht der Mensch. Was mir wohl ewig in Erinnerung bleibt, ist das Achterbahnfeeling bei der Abfahrt in Richtung Süden und die »90°-Grad-Kehren«. Auf jeden Fall eine erholsame Nebenstraße in Richtung Süden, wenn man den näheren Kontakt mit Grenoble verhindern will.
Col Bayard: Er paßt in das ganze Schema der »Route Napoléon«: Mit einem motorisierten Gefährt eine Wonne, mit dem Fahrrad eine Qual. Einer der ermüdendsten Straßenabschnitte für eine Radtour. Ich bin hier nur gefahren, weil man schnell und effektiv in den attraktiveren Süden kommt. Also einen Tag Zähne zusammenbeißen und mitten durch!

Tips für Wintertouren

Natürlich bin ich nicht sehr erfahren, was das Radfahren im Winter anbelangt. Gelernt habe ich am meisten unterwegs.

Bekleidung

Klar war von Anfang an: warme Kleidung! Wie viele »Schichten« man anzieht, ist individuell verschieden. Beim Hochfahren genügt ein Radtrikot, eine Radhose und darüber Goretex-Kleidung. Handschuhe verstehen sich von selbst. Das Schwitzen ist aber unbedingt zu vermeiden. Mit der Kälte ist nicht zu spaßen! Als ich auf der Paßhöhe mein Stirnschweißband abnahm, war es in Sekundenschnelle steifgefroren.

Zum Abfahren muß man genügend Polsterung oder »Schichten« anziehen. Im ersten Moment ist es sehr unangenehm, sich aus der wohlig warmen Goretexjacke zu schälen, aber bei der späteren Abfahrt ist man froh, es zuvor getan zu haben. Die Kleidung, die man zusätzlich über das Radtrikot zieht, ist anfangs grausig kalt. Die eigene Körperwärme vermag aber gleich darauf, das/die Kleidungsstück(e) anzuwärmen. Darüber die Goretexjacke – ideale Wärmedämmung.

Wenn Körperteile oder Gelenke frieren, ist das nachteilig für den weiteren Bewegungsablauf, falls eine erneute Steigung zu meistern ist. Achtung auch bei den Ohren – das ist kein Witz –, es gibt nichts Schmerzhafteres als eiskalte Ohren. Beim Abfahren ist das schneller passiert, als man denkt. Mütze und Kapuze der Jacke geben diesbezüglich sicheren Schutz.

Schließlich die Brille nicht vergessen! Ich habe eine Gletscherbrille mit Gummizug verwendet, damit die Augen auf keinen Fall Zug bekommen und ich mir eine Bindehautentzündung zuziehe.

Die Haut zu schützen, ist eine Priorität. Man muß zwar »nur« das Gesicht schützen – der Rest ist eingepackt –, aber das umso mehr, da der Schnee und die Sonne eine Einheit in Bezug auf die UV-Strahlung bilden. Ein hoher Sonnenschutzfaktor ist unbedingt zu empfehlen. Die Lippen sind ebenfalls dankbar, wenn man sie pflegt, z. B. mit Labello.

Getränke
Die Sache mit den Trinkflaschen wird mich auf meiner nächsten Wintertour micht mehr nerven. Ein Thermosflaschen-Überzug wird dann verhindern, daß ich »Water on the rocks« trinken muß. Zuviel Luxus ist auch nicht gut.

Winterfahrstil
Fahrstil und Bewältigung einer verschneiten und vereisten Paßfahrt habe ich auf der Tour gelernt. Oberstes Gebot: lieber langsamer fahren, man kommt schon früh genug ans Ziel. Als sehr wirkungsvoll erwies sich meine »Beinverbreiterung« zu beiden Seiten des Fahrrades.

Gepäck
Goretexjacke
Goretexhose
2 Sweatshirts
2 T-Shirts
1 Paar Goretexhandschuhe
1 dicke Wollmütze
1 Baumwollstirnband
2 Paar dicke Socken bzw. Kniestrümpfe
1 Radhose
1 Radtrikot
1 Jogginghose
1 kurze Hose
1x Unterwäsche

1 Waschbeutel
Ansonsten »Kleinzeug«, wie auch auf einer Sommertour, in die Lenkertasche verstauen.

Dank an
meine Eltern, daß sie mich trotz des Regenwetters fahren ließen
Onkel Rainer, Tante Hildegard, Linda und Prisca für die herzliche Aufnahme und Verköstigung in den zwei Wochen Zwischenpause in Ascona
Familie Hefti für die schönen Tage in Berikon
Claudia N'guessan für das unermüdliche Tippen meines in »Schönschrift« abgefaßten Tagebuchs (»kein Problem«)
Christian Klein für die photographische Beratung eines Laien (»dein Scharfsinn ist überwältigend«)
Roberto DalMalin für Cortina d'Ampezzo (»Bella Italia«)
die Buchhandlung Fröhlich/Boucher für die Beratung und das Besorgen des detaillierten Kartenmaterials und der Radreisebücher, die ich als Motivation gebraucht habe
Radhandlung Franck für den guten Reifen und Sattel
Richard Mones aus Mönchengladbach für das Ausleuchten der Jaufenstraße
Pierre Danloy und Jean-Paul aus Marbehan/Belgien für die freundschaftlichen Tage in Briançon vom 29. bis 31.7.1990
Peter Dahint aus Rheinfelden für die köstliche Erfrischung